QIANWANBIE MAIJIAJU

千万别卖家具

——终端销售攻略(升级版)

吴飞彤 著

海洋出版社

2019年·北京

图书在版编目(CIP)数据

千万别卖家具：终端销售攻略：升级版 / 吴飞彤著. —北京：海洋出版社，2016.4 (2019.3 重印)

ISBN 978-7-5027-9392-0

Ⅰ. ①千… Ⅱ. ①吴… Ⅲ. ①销售学 Ⅳ. ①F713.3

中国版本图书馆 CIP 数据核字(2016)第 055828 号

责任编辑：常青青
责任印刷：赵麟苏
海洋出版社 出版发行
http://www.oceanpress.com.cn
(100081 北京市海淀区大慧寺路 8 号)
北京画中画印刷有限公司印刷
2016 年 4 月第 2 版 2019 年 3 月北京第 3 次印刷
开本：787mm×1092mm 印张：22
字数：251 千字 定价：48.00 元
发行部：62132549 邮购部：68038093
总编室：62114335 编辑室：62100038

作者的话

我始终认为自己是一个幸运的人。一方面，是因为在我的职业生涯中，我获得了许多能够让我学习并积累宝贵知识和经验的机会，尤其是家具行业给了我更多；另一方面，我有幸认识到一些对我个人成长有很大影响的人，这些人包括中国乃至全世界顶尖的销售专家、演说家和培训师等等，是他们的思想、方法和行为无时无刻不在影响着我，激励着我，教导着我。

我时常想，我所经历过的行业和企业，以及影响我成长的专家老师们给了我这么多，我该为他们做点什么呢？正因为这种想法不断地在我脑中敲打，这本专为家具业而编写，有关提升家具业销售终端导购员实战技巧的书，终于在100多个日日夜夜的思想碰撞和键盘敲击声中完成了。

多年以来，我习惯于从实际的销售工作中不断地思考和总结，从许多优秀的培训课程中记录大量的笔记，从我收藏的400多小时的录音带、VCD以及100多本最伟大、最顶尖人士所写的著作中吸取智慧，也从行业最出色的企业家、管理者、经销商和导购员身上学习经验。正因为如此，今天我才有机会，才能够非常自信地在这里与大家分享这些有效的销售知识和技巧。

本书讲述了许多实用技巧和方法，并且以大量直观易懂的实例对这些技巧和方法进行了演示。我相信，这些技巧一定可以让你的销售能力在短期内得到很大的提升。当然，你个人的人格、说服力、影响力是你获得成功销售的关键因素。在你运用这些方法的时候，需要根据你的自身条件，进行一定的、必要的改变和调整。

需要说明的是，书中80%以上的实例都是来自近几年的实际工作，以及前期对导购员访谈过程中的资料整理。考虑到学习的实效性和方便性，我对这些真实的事例进行了一定程度的改编，希望你在使用这些方法的时候能够灵活调整，达到举一反三、融会贯通的地步。

当在你阅读这本书时，我建议你以体验和感悟的方式来学习。我可以非常自信地讲，这本书汇集了销售工作中所需的最彻底、最全面、最实效的知识和技巧。你完全有必要通过三五次甚至更多次的体验式阅读，让自己获得一种前所未有的突破。

在这里，我要感谢每一位对本书给予关注和支持的朋友。我知道，如果没有你们的帮助，这本书必定缺少许多精彩。我为你们的热心和友善而感动，我也会更加努力把自己的事业做得更好，再次感谢你们！

销售终端最需要什么

（代前言）

销售终端最需要不“卖”家具的导购员

优秀的导购员不仅仅是卖产品，他卖的是产品对顾客的好处、卖的是一份信赖、卖的是一种感觉。这正是本书为什么叫做《千万别卖家具——终端销售攻略（升级版）》的实质所在。

正因为有些导购员叫卖的仅仅是家具，他们不明白顾客真正想要的是什么，因而常常失去本可以把握的成交机会，销售业绩总是难以突破。

应该说：

没有不能成交的顾客，只是导购员对顾客的需求不够了解；

没有不能成交的顾客，只是导购员的方法和策略不正确；

没有不能成交的顾客，只是导购员无法获得顾客的信赖。

顶尖导购员却不同，他们懂得把任何产品卖给任何人的超级秘诀，懂得成功销售的三件法宝：自我控制、说服工具和正确的行动步骤。

作者吴飞彤把当今世界上顶尖销售冠军的精华和智慧，与自己在知名家具企业多年的实际工作经验结合在一起，编写了这本专门的、实用性很强的销售书籍。本书以大量的实际销售实例、上千个经典对话例句，为家具导购人员或销售人员讲述了数百种特别的销售技巧、数百种解决销售问题的方法，以及数十种一定成交的秘诀……

据调查，目前家具业大约有97%以上的导购员没有学习过这些特别的技巧和方法。这些技巧和方法正在被世界上最顶尖的销售人员所运用。只要导购员掌握其中一种或两种，并且把它们运用到销售工作中，他的销售业绩就会出现大的突破。

销售终端最需要精细化的系统管理

什么是销售终端精细化系统管理？它是一种抓细节、重执行、追求规范化的管理模式，它是以提高服务品质、提高品牌形象、提高人员素质为标准的管理方法。主要包括销售管理、店面形象管理、售后服务管理、人员管理、销售培训、品牌推广等六个部分。该系统可以帮助销售终端（专卖店）建立起实效的管理模式，可以快速突破终端业绩瓶颈、提升终端竞争力。

实行销售终端精细化管理有哪些好处呢？

1. 能够保障销售量的稳步提升，提高终端竞争力。

2. 能够将导购员原本只发挥了10%～30%的自身潜力提升至60%～80%以上，使销售业绩数倍增加。

3. 在产品、价格、品牌形象等方面与竞争对手没有太大差异的情况下，终端管理的水平和导购员的销售技巧基本可以决定销售的成败。提高终端管理的水平和导购员的销售技巧可以增加50%以上的销售额。

4. 专卖店是最重要的品牌或产品宣传平台，通过精细化管理的专卖店能够快速提升产品或品牌的宣传效果。

5. 家具行业必将迎来真正意义上决胜终端的时代，而在决胜终端的时代，真正拼的正是管理和销售技巧。

因此说“销售终端精细化管理系统”是一个实用有效的管理系统，是一整套的系统解决方案，它可以让终端管理人员快速掌握数十种实效的终端管理工具，数十种实际的终端管理方法，数十种顶尖的店面培训技巧，数十种操作性极强的终端品牌推广模式以及中国最赚钱专卖店的管理秘诀等，从而全面提高家具企业或经销商终端销售竞争力。

基业长青的永恒定律

一个企业的成功没有秘密，经营家具专卖店也是一样。只要记住两句话：做营销就是做细节。要么不做，要么就做到位。

在市场竞争白热化的今天，要想让销售终端保持持久的竞争力，把每一个细节都做到位，把每一个优势都发挥得淋漓尽致，把每一分潜能都尽情释放，才是既现实又高明的选择。

致读者的建议

各位朋友，恭喜你已经拥有了这本书！为了让你获得最佳的学习效果，你需要知道以下几点：

一、这是一本纯粹的家具销售技巧的书籍，对于家具业的历史和趋势、分类和格局、行业的状况、产品的材质和工艺、导购员行为规范等方面的内容没有专门设立章节来讲述，这些知识在各企业的培训手册里面已有更详细的说明。因此，你需要在掌握了必备的专业知识之后，再学习本书所授技巧，以便收到更好的学习效果。

二、如果你没有遵守有效学习的五大步骤来学习这本书的内容，注定这本书不会为你带来多少好处。有效学习的五大步骤是：

第一步骤——初步了解；

第二步骤——重复学习；

第三步骤——开始使用；

第四步骤——融会贯通；

第五步骤——再次加强。

目 录

JIAJU YINGXIAO

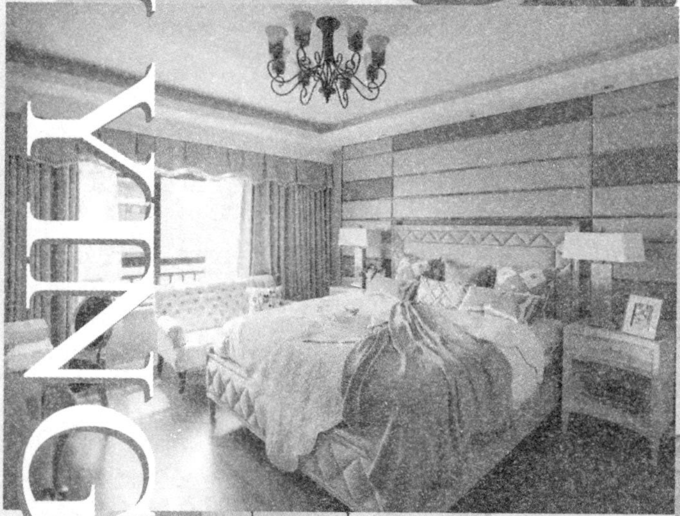

第 1 部分

销售关键中的关键 顾客为什么选你的产品

顾客真正要买的是什么？顾客购买的决策程序是怎样的？什么是促使顾客产生购买的驱动力？

如果你不能清楚地回答以上问题，所有的销售技巧和专业知识在你身上都没有作用。它们是一切销售活动的基础，是成功说服顾客的关键。只有完全掌握了这几个关键，才能把本书所讲述的技巧发挥到极致。

01 重新理解“知己知彼” 先“知己”后“知彼”

“知己”：透彻了解自己的产品和企业，以及透彻了解竞争对手的产品和企业；“知彼”：深入了解顾客所思所想，准确判断顾客真正的动机。这与对“知己知彼”的传统理解不一样，传统说法的“彼”指敌人或竞争对手，而今天我所说的“彼”是指你的顾客。如果想要卖出更多的产品，你必须重新理解“知己知彼”的概念，并且把它运用于实际的销售工作之中。

仅仅了解竞争对手已经不够，要想成为顶尖导购员，必须学会了解顾客。因为，仅仅了解自己和竞争对手，只能证明你具备了基本的专业知识，只有了解了顾客的想法和观点才能真正让你找到成功销售的突破口。

知道顾客在想什么、判断顾客的动机，这看起来不是很难，然而在实际工作中，能够做到这一点的人却是极少数。对于懂得运用这种技巧的导购员来说，她们（家具导购员一般为女性，所以在后面都用“她”来表示）找到了销售工作的乐趣，并且懂得如何更轻松地卖出更多产品的诀窍。

如果你还不懂得如何使用这些技巧，或是对怎样运用还不是很熟练，别担心，这本书完全可以帮你做到这一点。你也必须学会这些技巧，因为无论你以后是做销售、管理、医生或从事其他行业的工作，或是做别人的太太、朋友，它都会为你带来莫大的帮助。

首先，我必须问你一个问题：你“知己”吗？如果这样的问题显得不清晰，请往下看：

定义“知己”的标准

☞ 你的产品是什么风格？

☞ 你的产品主要针对什么消费群体？

☞ 你用什么语言把产品风格和目标消费群体联系起来？

☞ 你的产品是什么材质？

☞ 你的产品是什么结构？

☞ 你的产品有什么功能？如何使用？

☞ 你的产品有哪些特色？

☞ 你的产品提供怎样的售后服务？

☞ 顾客选择你的产品的三个主要原因是什么？

☞ 顾客拒绝你的产品的三个主要原因是什么？

☞ 生产这种产品的企业具有什么关键优势？

☞ 你能把以上每一个问题用在你的两个主要竞争对手身上并做出完整的回答吗？

请你在空白栏回答下面所提出的关键问题，一定要经过认真思考后再把答案写出来，它将帮助你立刻提高自己的说服力。

顾客选择你的产品的三个主要原因：

_ _

_ _

_ _

顾客拒绝你的产品的三个主要原因：

_ _

_ _

_ _

对于前面提到的一系列问题，各家具企业一般都会提供相关的资料。我写这本书的目的不是告诉你这些问题的答案，而是让你知道怎样充分运用你所学到的知识，并让它发挥出更大的价值。你真正需要从这本书里得到的，是如何灵活运用所学知识的各种顶尖的方法。

如果你不能回答上面这些问题，很可能这本书对你用处不大。因此，我给你的建议是先把这本书收起来，等到你确认能够回答上述问题之后再看这本书，它将让你的销售技巧大幅度提升。

自我检讨

_ _

_ _

02 让老板少损失100万 认识顾客购买决策流程

如果你不承认你的老板已经损失了100万，我也同意你，因为他损失的是100多万。之所以这样说，是因为你仅仅了解自己，竞争对手并不能帮助你销售更多的产品。除了“知己”之外，还必须“知彼”，了解那位付账买单的顾客在想什么。

根据品牌的差异性和购买风险的大小来看，顾客选购家具是一种复杂的购买行为，甚至可以说是一种让人非常痛苦的行为。因为，顾客从产生需求到购买，一般要经历一到六个月时间，在这段时间里他们四处观看产品、收集信息，比较、判断、分析、体验、讨价还价，再做决定，最重要的是，最后还得掏出大把的钱，能不痛苦吗?

在形成决策的不同阶段，顾客的心理是不同的。作为导购员，对顾客在什么阶段处于什么样的心理做出准确的判断和正确的应对非常重要。

顾客决策流程

第一阶段	产生需求	因为对原有的产品在使用过程中不满意，或陈旧、破损、过时了，或经济状况有了改善
第二阶段	留意信息	比以往更注意有关家具的广告、报道、谈论等等
第三阶段	刺激购买决定	原有产品无法再使用，被新产品吸引，新房装修，结婚等
第四阶段	进一步比较，做出决策	征求亲友或邻居的意见，进一步关注产品的细节

产生需求阶段

因为使用过程中不满意或是经济情况改善，顾客开始渴望拥有能够让他们感觉更好的产品。这时，购买新家具还只是顾客大脑中的一个愿望，因此还不会采取任何行动。当这个愿望变得更急切时，他们会进入下一个阶段。

留意信息阶段

这时顾客开始关注以前不太关注的家具广告、谈论和报道，也会顺路或是抽空逛逛家具商场。处于这一行为阶段的顾客一般会有如下表现：

☞ 在家具商场里面随意观看，没有明确目标，走路不紧不慢；

☞ 对店门口的 POP 信息不是非常关注，随手拿起一份宣传资料，不会仔细阅读，一般会把它带走；

☞ 在店里走马观花，不关心产品细节；

☞ 偶尔问问价格，一般不会砍价，但会发表些许看法。

需要知道的是，顾客这时已经开始对他在不久的将来所希望拥有的产品寻找一些感觉或是印象了。对这样的顾客，如果导购员不能给他留下某种比较深刻的印象，这将是一种很大的损失。你不这样做，你的竞争对手会这样做。

本阶段的销售关键点：

让顾客留下联系方式，定期打电话跟踪，初步建立信赖感（这个阶段的顾客一般不会留下联系方式，但如果导购员注意方法，大多数顾客还是愿意留下联系方式的。在后面我们会有专门的章节讲解这一技巧）。

要让顾客记得你推销的这个品牌，你就需要在他的大脑中留下一个特别的印象，这个印象可以是产品最大的特点或优势。

刺激购买决定阶段

由于原来的家具无法使用、遇到家具商场优惠价促销、家里最近重新装修或者搬家等某种因素，进一步地刺激了顾客的购买决定，他们开始由当初那种遥远的购买家具的愿望转化为明显的行动了。处于这一行为阶段的顾客一般会有如下表现：

☞ 专门找时间看家具，开始有选择性地走进某个品牌专卖店，走路速度不会很慢；

☞ 主动索取并收集意向产品的宣传资料，向导购员咨询资料上的相关信息；

☞ 有目的地进入专卖店，对店内某一种而不是全部产品表示关注，比较注意产品细节；

☞ 开始比较价格，并进行讨价还价。

可见，如果你面前的顾客表现出这些行为，恭喜你，证明你的产品已经被列入他的品牌候选清单了。顾客下面要做的，就是找到一个他认为最物有所值、最适合、最有感觉的品牌或产品。你还在等待顾客主动来找你，要求你为他开单订货吗？快主动出击吧！

本阶段的销售关键点：

让顾客留下联系方式，及时电话跟踪，建立信赖感；

问自己，顾客最想要的是什么？顾客对你的产品及竞争对手产品的真实看法是什么？

想想顾客下次来时你怎么说服顾客？做好充分准备。

把你分析的结果记下来。

进一步比较，做出决策阶段

顾客经过前一阶段对多家产品的了解，心中已经有了一个可选产品清单，只不过暂时还没有最终做出选择。现在，他们希望自己不要做出任何错误的决定，一定要挑选到最适合、最有价值的产品再采取购买行动。这时他们会参考亲友或是邻居的建议，更加关注产品广告及其他产品的宣传。

因为这是最为关键的时期，顾客可能会再多花一些时间做更细致的判断和比较，他们害怕做出让自己后悔的决定。处于这一行为阶段的顾客一般会有如下表现：

☞ 通常是全家人频频出现在少数几个品牌专卖店里，选择目标明确；

☞ 测量产品尺寸，对家具摆放的方向和位置进行评估，或带装修设计师一起来了解家具风格；

☞ 关注售后服务及交货期问题，特别注重产品细节；

☞ 尽最大努力讨价还价；

☞ 与导购人员的关系显得比较亲密。

这个时候，你有极大的希望获取这份订单了，但是也不能高兴得太早，你一定要抓住顾客的关键心理因素，让他愿意跟着你走。

本阶段的销售关键点：

反复提及顾客对产品最感兴趣的地方；

与顾客成为朋友，顾客容易接受朋友的建议（这里说的朋友不是通常所说的朋友，而是导购员在向顾客推荐产品的时候，保持一种与顾客交朋友的心态）；

使用已成交顾客名单，告诉顾客近期有哪些人（最好是有一定影响力的人士）买过你的产品，这样将更容易让顾客产生信赖；

拿出一张纸，中间画一条线，左边写出顾客选择你产品的所有好处，右边写出不选择你产品的所有坏处，然后给他看，并告诉他，“我全都是在为您着想”；

如果他还不能做出决定，你一定要问清楚他到现在还不做出决定的原因，并全力打消他所有的顾虑。

自我检讨

_ _

_ _

_ _

_ _

_ _

_ _

_ _

_ _

03 认识顾客真正的需求 买钻头的人，要的是一个洞

买钻头的人，他要买的是一个洞。

买面包的人，他要买的是肚子舒服。

买化妆品的女士，她要买的是美丽与希望。

买奔驰汽车的人，他要买的是身份和地位，一种让人尊重的感觉。

买家具的人呢？聪明的你可能猜出来了，买家具的人，他其实要买的是一种生活方式，一种家庭氛围，一种自由与轻松，一种舒畅，一种便利性……这些都没错，只是不同的顾客偏好不同罢了。

再进一步分析可以发现，顾客真正要买的，是一种对他们的好处，这种好处就是产品的价值。你的产品对顾客有没有好处？有什么样的好处？你能给顾客的独特的好处是什么？这些问题是每一个导购员必须回答和铭记的。告诉顾客你的产品能为他带来怎样的好处，并且让顾客相信只有你的产品才能带给他这样的好处，这时，你的产品才真正产生了价值。

请你在下面的空白栏内回答所提的关键问题，一定要经过认真思考后再把答案写出来，它将帮助你立刻提高自己的说服力。

你的产品能为顾客带来的好处：

_ _

_ _

_ _

这时你可能在想，下次我该怎样告诉顾客，产品对他的这些好处呢？顶尖的导购员擅长心理学，她们能够敏锐地捕捉顾客的思维与想法，也就是说她们能够很快了解到顾客真正想要的“好处”是什么，并能够立刻向顾客提供这种好处。懂得这一方法的导购员，工作总是很轻松，并且可以取得一般人几倍的成绩。关于如何把自己产品的价值和顾客想要的好处结合起来，以及如何告诉顾客，将在后面讲述。

自我检讨

_ _

_ _

_ _

_ _

_ _

_ _

_ _

04 不卖家具卖什么 钻一个洞只需5分钟

不卖家具卖什么？这是一个很有趣的话题。一旦你完全理解并把握自如的话，它将为你的工作带来极大的轻松和乐趣，再也不会像以前那样，每天重复那几段枯燥的说辞。

前面讲过，顾客真正要买的，是这种产品能为他们带来的好处。反过来讲，你要能把这种产品为顾客带来的好处和利益卖给他。

如果你卖钻头，你要告诉顾客钻一个洞只需要花5分钟时间，而不仅仅是这个钻头的形状及材质。

如果你卖化妆品，你要告诉顾客这种产品可以让她越来越美丽年轻，而不只是这种产品的成分和工艺。

如果你卖汽车，你要告诉顾客这辆车可以让他很方便、很有身份，并且比一般汽车更安全，而不只是告诉他这辆车的技术参数，以及采用了什么新材料。

各位朋友，当你在说服顾客购买你所卖的家具的时候，你告诉了顾客什么？仅仅是产品的材质和结构吗？

实例解读：

导购员	李先生，请问您想了解一下什么样的床呢？ [顾客表示想要购买一张床，导购员进一步了解顾客的需求]
顾客	要 1.8 米的，下面可以放东西的那种。 [顾客有明确的需求点，基本确认是潜在顾客]
导购员	明白，我们有两种床很适合您，一种是下面带抽箱的，另一种是高箱床，您是都看看呢还是……？ [进一步了解顾客的需求]
顾客	有两种吗？那我都看看吧。
导购员	好的，请跟我来！李先生啊，我想了解一下您为什么比较喜欢这种实用的床呢？ [开始挖掘顾客的深层次需求，以确保后面能够进行针对性的说服]
顾客	家里房子小，一到夏天，冬天使用的东西没地方放，所以现在买床就考虑买下面可以放东西的。
导购员	您是要放被子和厚衣服之类的东西吗？ [进一步挖掘]
顾客	对！衣柜里东西太多，所以考虑在床下面放一些。
导购员	那我知道了，我建议您看看高箱床，它里面空间很大，可以放很多东西。您看，把这块板打开之后，就可以放下你想要放的东西了，您觉得怎么样？
顾客	[继续看产品，不发表看法]

导购员	李先生，如果您使用这张床，就可以把平时用不上的被子和厚衣服之类的物品全部存放在这下面，这样您就不用把什么东西都往衣柜里塞了，找东西或是收拾房间的时候就不会像以前那样麻烦了，对吗？ [告诉顾客使用这种产品的好处]
顾客	的确是。
导购员	您太太一定也希望找衣服或收拾东西的时候很方便，对吧？ [让顾客联想到这种产品对自己太太的重要性]
顾客	她就是吵着东西没地方放。
导购员	您看，李先生，当您拥有这张床之后，最高兴的就是您太太了，她再也不会感到像以前那样不方便了，对吗？ [再次强调这种产品的好处及为顾客带来的方便]

自我检讨

\- -

\- -

\- -

\- -

\- -

\- -

\- -

\- -

05 价值100万的销售魔术 决定成败的两种驱动力

桌子上放着100万美金，谁只要走过去就可以得到它，并且不用任何回报或偿还。但是，当这个人去取这100万美金的时候，要以自己的生命作为代价，而且只有10%的机会能带着美金活着走回来。请问，如果是你的话，你是要100万美金，还是要生命？我敢保证，你一定不会选择100万美金，因为这100万美金很可能会让你很痛苦。

再打个比方：你的小孩早上不想起床，你说起来吧，妈妈给你糖吃，他一定会起来吗？答案是不太可能。如果你对他说，你再不起来的话就打你屁股了，他一定很快就会起来了。

为什么呢？因为世界上存在着一个永恒的定律：任何人都会受到两种力量的影响，这就是逃避痛苦的力量和追求快乐的力量。任何人在受到这两种力量的影响时，都会产生行动。反过来说，你采取的任何一种行动，都是因为受到这两种力量的影响。并且，逃避痛苦的力量比追求快乐的力量的影响力更大，它更能让人们快速反应并释放潜能，这一点通过前面的例子可以证明。

遗憾的是，很少有人在销售工作中充分使用这一定律。懂得使用这一定律的人，他的业绩一定好过不懂得使用这一定律的人。这也是我特别把这部分内容安排在这一章节的原因。在使用这一定律之前，你需要知道以下原则：

任何人产生行动的原理

☞ 一个人采取任何一个行动，目的都在于逃避痛苦和追求快乐。购买家具也是一样；

☞ 逃避痛苦的力量是追求快乐的力量的 4 倍；

☞ 一个人在两件让人痛苦的事中做选择时，他会选择更少痛苦的那件事，在两件可以让人快乐的事中做选择时，他定会选择更多快乐的那件事。

花钱买家具是不是一件让人痛苦的事呢？当然是！正因为顾客总是在逃避存款变少的痛苦，你想让他掏钱下订单才会那么困难。

优秀的导购人员懂得一个魔术——让顾客知道如果不买你的产品他会感到哪些痛苦，购买了你的产品会让他得到哪些快乐。

请你在下面的空白栏内回答所提的关键问题，一定要经过认真思考后再把答案写出来，它将帮助你立刻提高自己的说服力。

如果顾客不买你的产品，他会感到哪些痛苦？

_ _

如果顾客购买了你的产品，他会得到哪些快乐？

自我检讨

06 让顾客又痛苦又快乐
痛苦加大法和快乐加大法

第一次偷面包的人总是在饥饿难耐时才会下手，因为这时他不断消耗的体能正在加大他忍受饥饿的痛苦。某女士愿意花钱购买昂贵的化妆品，是因为销售人员擅长加大顾客不购买这种产品所带来的痛苦和麻烦，同时加大购买这种产品可以得到的快乐和美丽。作为家具导购人员，要促使顾客快速做出决定，就要学会并使用这一销售魔术——痛苦加大法和快乐加大法。

加大顾客痛苦的说辞

“新房子里面放旧家具，您会不会感觉不太舒服呢？假如您的朋友到了您家，一定也会这样想，是吧？”

“书上说，房间的装修风格和家具风格所形成的家庭氛围，影响着家人的生活品质，您一定希望您和您的家人拥有最棒的生活吧？”

“如果家具不环保，对小孩的成长和健康有很大的影响！”

“您有没有看新闻呢？现在有很多消费者投诉厂家，因为他们购买的产品用过一段时间后就出现各种各样的问题，比如说产品变形、破裂等，这种事情如果发生在您的身上，是不是很麻烦？”

“不知您有没有了解，现在家具行业竞争激烈，很多没实力的小厂子纷纷倒闭，假如不小心买了这些快要倒闭的企业的产品，您就很难解决日后售后服务的问题。而且您知道，家具这种产品的售后服务是非常重要的，如果厂家没办法给您保障的话，您将会有多少麻烦事？而且这样的事情弄不好还会影响到家庭关系，对吧？”

加大顾客快乐的说辞

“您想象一下，您的新房子的装修风格配上这种颜色的家具，将会是多气派！亲戚朋友看到了，一定会羡慕的！”

“其实，在家里就是享受一种家的感觉，对吗？您想，这样的家具放在家中，一进门就会给您一种很有品位很有档次的感觉，您一定会感觉很好，是吧！”

“正如您知道的，真正环保的家具才会让您感觉到安全和放心，我们是大品牌，对每一件家具的健康标准都有严格的要求，使用这种产品，您可以无后顾之忧！”

“把这样的好家具搬回家，您家人一定会很开心的！您看，老人可以使用这张床，配上这张软硬适中的床垫，特别适合他们，这样不仅有利于他们的健康，也会让他们生活得更开心。再说，配这个衣柜，您太太肯定会很满意，因为这种衣柜功能性很强、空间也很大，可以把平时不常用的东西全放进去，您太太再也不用像以前那样觉得东西多，不方便整理了，是吧？”

“选这种大厂家的产品，除了档次高质量好之外，售后服务是最让您放心的了。平时有什么问题，我们都有专门的人员来为您解决，不用担心质量和售后服务，您将会是多轻松和安心啊！”

“像您这种有品位的人，唯有我们这种品质一流大的品牌才适合您！您看，我们在去年被评为了‘行业著名品牌’。现在全国有很多像您这样的成功人士都选择我们的产品，并且据我们售后调查来看，95%以上的顾客都很满意，所以对于这种真正的好品牌，我相信您也会满意的，对吗？”

“这套产品在平时是 2 万多块，现在是促销期，按特价只售 9800 元。您现在来到我们店里真是运气太好了，还剩最后两套，如果您现在订购的话可以节省 1 万多块，您的家人一定也会很高兴的，对吗？”

对于使用痛苦加大法和快乐加大法的销售说辞，导购员只要多想多练，就可以总结出自己的一套方法。这种方法是以心理学和行为科学为依据的，只要你每天重复使用，不断改进这些销售说辞，你的业绩一定会有极大的飞跃。

实例解读：

导购员	王小姐，您觉得这个产品怎么样呢？
顾客	这产品倒是不错，不过我可能还是买 C 品牌。
导购员	您选 C 品牌一定有些原因吧，我可以了解一下吗？
顾客	C 品牌产品虽然没有你这种好，但也不错了，从价格方面来说，你这里贵了很多。

导购员	就是说，你选择C品牌的原因是价格低一些，产品质量能接受，对吗？
顾客	是的。
导购员	那么请问王小姐，对于我们的产品，您除了认为价格有点高之外，还有没有其他您认为不适合的方面？
顾客	产品我很喜欢，就是价格贵了。
导购员	我还想问一下，您说C品牌的质量您可以接受，是指哪些方面您可以接受呢？ [了解顾客对产品的认识标准]
顾客	产品颜色和风格不错。
导购员	就是说您选择家具主要是看颜色和设计风格，那么您认为产品的材料、工艺和售后服务是不是也很重要呢？
顾客	这些方面C品牌应该没什么问题，看起来很不错啊。 [导购员知道C品牌是小品牌，品质较差。现在可以明确顾客对识别产品的好坏并不擅长，她只是从产品外表来判断。机会来了，现在可以教顾客如何正确选择产品了]
导购员	王小姐，您认为产品的外观和品质哪个更重要呢？
顾客	应当是都很重要。
导购员	对，我和您的看法一样！就像买一件衣服，即使外观再好看，如果质量不好，也不值得买，是吧？
顾客	只要外观和质量不错，价钱也合理的话，就可以买了。
导购员	对！不过对于家具这种产品来说，判断它的质量就要从多方面着手，一点不注意就有可能出大问题。 [激发顾客的好奇心]

顾客	那是。 [顾客虽然并不懂得到底应当怎样认识产品，但还是装作自己是内行，不愿意被人看到短处，证明这位顾客自尊心较强，这也是害怕上当受骗的一种表现，导购员应注意说话方式]
导购员	王小姐，您是懂家具的，您一定也知道家具的质量好坏是要看它的材料和做工，对吧？
顾客	是。
导购员	现在市场上有很多小品牌产品采用的是低价格的劣质原材料，工艺上也比较粗糙，这样的产品很难符合国家的环保标准。消费者使用了这种产品，很可能会产生一些意想不到的后果。不知您有没有经常看报，媒体都报道了有很多消费者使用了不合格的产品后，健康方面出了问题。
顾客	这样的产品应当不多吧？ [顾客开始意识到产品环保性的重要了，导购员应进一步让顾客感觉使用这种产品的后果，即错误选择的痛苦]
导购员	真正合格的不是很多。王小姐，如果把这样的产品放在您的房间，您自己还有您的小孩都在这样的房间里生活，会有什么样的后果？
顾客	那怎样知道产品是否环保呢？ [顾客开始感觉到这样的产品带来的痛苦了，现在应当加大顾客的痛苦]

导购员	王小姐，您是这么聪明的人，算一算就知道，因为少花1000块而选择一套不环保的产品，如果这样的产品让家人的健康出现了问题，或许不是1000块就可以解决的，对吗？ [这时先不要回答顾客的问题，继续说出选择劣质产品的危害性]
顾客	嗯。
导购员	一套家具一用就是十几年，如果选错了，不像买错一套衣服一样想换就换，是吧？这样一来，不但损失一大笔钱，从长远来看，还会影响到家庭关系或是孩子的成长，您认为呢？ [继续加大错误选择的痛苦]
顾客	是啊，家具一用就是十几年。
导购员	王小姐，您想，假如在这十几年的时间内，您使用的是一套高品质的产品，您一定会减少很多的麻烦事对吧？ [让顾客进一步体会做了正确选择的快乐]
顾客	那当然！
导购员	必定，家人的健康和小孩的快乐成长才是最重要的。买一套真正的好产品，不但心里面踏实，而且也能真正让家人感到幸福、开心和健康，多花一点钱一定很值得对吗？ [加大顾客拥有高品质产品的快乐]
顾客	嗯。
导购员	是不是高品质的产品，您可以从三个方面做判断：一是看生产这种产品的企业是不是有规模和实力；二是要看品牌是否有知名度；三就是仔细看产品的做工和细节了。王小姐，您认为呢？
顾客	品牌的口碑也很重要。

导购员	王小姐，您说得太对了！对于我们这种来自大企业、品牌知名度很高、产品质量和口碑都不错的产品，您一定愿意多投资一点钱，对吗？

自我检讨

JIAJUYINGXIAO

第2部分

卖产品不如“卖”自己
信赖感的神奇力量

建立信赖感，就是建立一种让顾客对你信任并依赖的感觉。它是一个让顾客接受你、喜欢你，到相信你的过程。顾客如果不接受你、不喜欢你，也不相信你，他很难对你说出他的真实想法，这样，你也就难以了解顾客真正的需求，最终导致，所有的产品推销都不具备说服力。

因此，建立信赖感是达成销售的前提条件，没有信赖感就没有最终的成交。

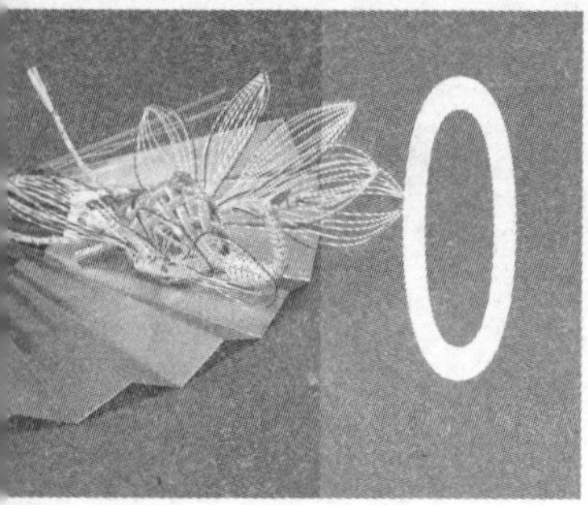

07 永远不要向顾客推销产品

建立信赖感的第一关键——调整心态，帮助顾客选择最适合的产品，而不是赚顾客的钱

顾客喜欢别人向他推销吗？一般不会。因为这会让他体验到一种存款变少的痛苦，而每个人逃避痛苦的力量是非常强大的。顾客不喜欢别人向他推销的另一个原因是，抱着推销产品这种观念的导购员，给人的感觉总是急功近利，以自我为中心，不站在顾客的立场考虑问题。试想，如果你的做法让顾客不愉快，如果顾客本身就很排斥你的言辞，推销成功的可能性会大吗？

事实上，在顾客选购家具的过程中，他很需要导购员为他提供各种全面的信息，也希望导购员能够给他最合理的建议或方案。如果导购员能改变自己的角色，换一种心态，就可以与顾客展开良好的沟通。

换一种思维，换一个角度，不要把“我要向你推销家具”几个字写在额头上。你可以试着这样想：我真的想帮您选配最适合您的家居方案，把最好的产品和最优质的服务提供给您，如果您不接受我的推荐，我为您的损失感到非常遗憾。

这时候，对方拒绝你的机会就会少得多，因为你已经把自己当成了顾客的好朋友，每个人都容易接受朋友的建议。

因此，建立信赖感的第一步是要调整好自己的心态和角色。不要总是把自己当成是推销产品的导购员，而要把自己当成顾客的好朋友。在顾客购买商品的过程中，如果遇到困难，作为朋友的你要能帮助他，为他提出最合适的解决方案。

实例解读：

导购员	刘先生，您觉得这件产品怎么样呢?
顾客	这产品质量不错，但我感觉与我家的装修风格不匹配。
导购员	我们产品的质量是行业公认的，所以您应该考虑! [导购员完全没有站在顾客的立场考虑问题。顾客关心的是这种产品是否与自己的装修风格相配，而导购员回避了这个话题，一再向顾客强调产品的质量]
顾客	还是感觉不适合。
导购员	刘先生，您也知道这产品非常好，而且如果您现在订货还可以享受七折优惠。 [继续向顾客推销，以优惠的价格吸引顾客]
顾客	你就是打五折我也没办法啊，总不能把房子重新装修一次吧？算了吧。
导购员	现在订货真的是一个好机会啊!

顾客	我还是看看别家的产品吧。[顾客有些不高兴了]

这位导购员抱着向顾客推销产品的心态，没有站在顾客的立场帮顾客解决问题。她应该在顾客说产品与装修风格不匹配的时候，了解顾客的装修情况。

这样，一方面可以让顾客的心情舒畅，另一方面或许会找到销售的突破口。请看下面的实例。

实例解读：

导购员	刘先生，您觉得我们的产品怎么样呢？
顾客	这产品质量不错，但我感觉与我家的装修风格不匹配。
导购员	理解，如果家具与装修风格相差太大就不好了。刘先生，您家的装修风格是怎样的呢？ [关心顾客所关心的问题，是站在顾客立场考虑问题的表现]
顾客	我家装修主色是白色，线条比较简单。你这个产品感觉带点传统色彩，放进房间有点不相称。
导购员	您是说您的装修是属于简洁的现代风格，对吧？
顾客	对啊。
导购员	刘先生真懂得生活啊，这样的装修风格现在很流行！
顾客	我好几个朋友也是这种装修风格，我觉得不错，也装修成这样。

导购员	您的选择是对的，我也很喜欢这样的风格。刘先生，您都觉得什么样的家具适合您的房间呢？
顾客	我还是喜欢现代的，浅色的比较好。
导购员	刘先生，我也认为您选择现代风格的家具很对，同时如果您选浅色的，可能不是很适合。
顾客	为什么呢？
导购员	您想，您的房间是纯白色的，如果放浅色家具的话，就显不出家具的立体感了，对吗？
顾客	立体感不重要吧？
导购员	对于家具，现代人的观念是，它不仅要实用耐用，还要讲究一种家居的艺术氛围，要有空间美感。像您这样有品位的人，一定也会这样想，对吗？
顾客	这个倒也是。
导购员	刘先生，您再想想，像我们这种樱桃色现代风格的产品，放入纯白色的空间，两种颜色相衬，更可以形成一种清新的美，对吗？

假如，这位导购员用这种方式与顾客沟通，达成销售的机会是不是会提高很多？所以，销售工作中不同的心态，将导致不同的结果。

永远不要认为自己的推销技巧多么丰富，也不要认为自己的产品和价格一定可以吸引顾客，如果你没有站在顾客的角度、以帮助顾客的心态来销售产品，你会错过很多的销售机会。

自我检讨

08 “一见钟情”的力量

建立信赖感的第二关键——把握最关键的第一分钟

从前，有两姐妹和她们的父亲生活在一起。一天，父亲去世，举行葬礼。在葬礼上，妹妹对一男子一见钟情。葬礼完毕，妹妹再也没有见到这位男子。后来，姐姐死了，是被妹妹杀死的。请问是什么原因？

答案是：妹妹想再制造一次“一见钟情”。这是某个世界五百强企业的招聘面试题，虽然故事不真实，但人们对于“一见钟情”这种感觉却是充满期待和渴望的。

让顾客对你“一见钟情”，并不是真的要你学会如何去吸引对方，并使对方爱上你，而是通过建立良好的第一印象，培养顾客对你的信赖感。你做到了吗？请回答下列问题：

你做到了吗

☞ 你是没精打采还是精神饱满？

☞ 你有好心情吗？有没有微笑？

☞ 你看起来怎样？化妆是否有些夸张？

☞ 你的穿着是否过于随便？或是很怪异？

☞ 你说话的声音是热情洋溢，还是有气无力？

☞ 你对迎面走来的顾客能给予热情的服务吗？

☞ 你能够在与顾客的沟通时表现出良好的素养吗？

每一天，你的顾客都在为你这几方面的表现打分，你的业绩就是他们给你的分数。设想一下，如果一个导购员没法做到这几点，顾客可能对她产生信赖感吗？

如果你希望自己的业绩倍增，希望自己的工作充满快乐和成就，你必须改变自己。下面是一些改变的方法。

销售冠军的策略

☞ 每天提前 20 分钟起床，在镜子面前把自己打扮得更得体；

☞ 想象积极的事，让自己的心情充满阳光；

☞ 加快走路的速度；

☞ 运用“一四二呼吸法”，用 1 秒钟吸最大一口气，闭气 4 秒，然后在 2 秒钟内用嘴把气呼出来，重复 20 次至 30 次；

☞ 问自己：如果自己不让自己开心，谁又能让自己开心？

☞ 明白“工作是生活的一部分”的道理，乐于工作才能乐于生活，一定要热爱自己的工作；

☞ 以“为顾客提供最优质的服务”为自己的工作标准。

自我检讨

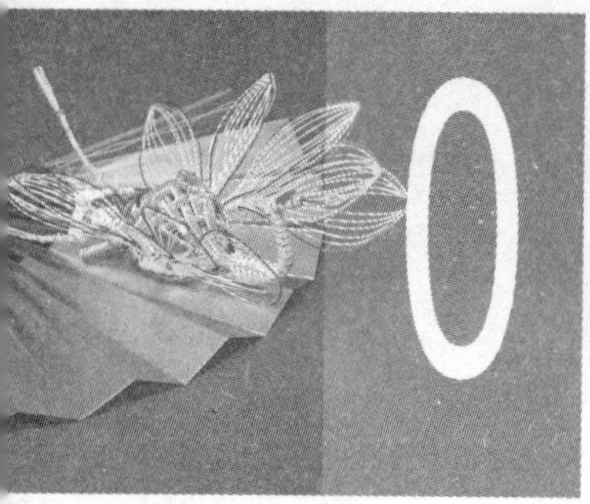

09 像卖矿泉水一样卖家具

建立信赖感的第三关键——做一名家居顾问

如果你到便利店买一瓶矿泉水，店员告诉你矿泉水放在哪里，多少钱，然后收了钱说声“谢谢”，即完成了这笔买卖，这叫做交易式销售。你想买辆汽车，到汽车销售展厅，销售人员只是告诉你车在哪里，多少钱，然后就等你买单，这时你会买吗？一定不会。

因为购买汽车属于复杂购买行为，消费者是否选择一辆汽车，要考虑很多方面的因素。比如：汽车是否符合个人的品位和个性？主要功能有哪些？什么特色？价格是否在预算之内？家人会同意吗？售后服务怎样？付款方式怎样？五年后这辆车对我的价值是什么？我什么时候买最合适？

所有这些问题，购买者无法在很短的时间内了解清楚，他需要思考判断，他需要比较参考，他害怕一时冲动选择错误，以致后悔一辈子。这时候，在顾客的内心深处希望有人能为他提供全面的信息，给他充分的信心，给他足够的购买理由，也就是说他需要一种顾问式的服务。如果销售人员能够揣摩到顾客的心理并做出相应的行动，他就很容易在顾客心中建立起信赖感。

与购买汽车相同，购买家具也是一种复杂的购买行为，消费者需要一种可信赖的顾问式销售服务。作为家具导购员，你怎样为顾客提供一种顾问式的服务呢？记住以下关键点。

销售冠军的策略

☞ 以建立关系为导向，采取帮助的心态；

☞ 让自己成为家居环境专家；

☞ 站在对方的立场；

☞ 通过提问了解顾客的深层需求；

☞ 帮助顾客做决策。

实例解读：

导购员	您好，陈先生！很高兴又见到您！ [顾客已是第二次来到专卖店，应当很有购买意向]
顾客	是啊，我再来看看这种客厅产品。
导购员	好啊，您上次看过之后感觉怎么样呢？
顾客	这次就是来看看是不是适合我家的客厅。
导购员	不好意思，陈先生，您上次来时很匆忙，我都来不及和您聊聊。您家的客厅是什么样子的？ [导购员现在并不是急于向顾客介绍产品，而是对顾客很关注的问题（是否与客厅相适应）与顾客交流]

顾客	我家客厅比较大，大概有 40 多平方米。
导购员	哇，真羡慕您有这么好的大房子！是什么装修风格呢？比如说什么主色？ [了解顾客的需求，同时帮助顾客解决问题]
顾客	不是很现代，颜色是白色带点暗黄的那种。
导购员	这么说，就是带点传统的味道吧？
顾客	对，有这种感觉，我这种年龄比较适合这种风格。
导购员	明白了，您不喜欢很时尚很现代的风格，如果是比较沉稳的产品就更好，是吧？ [确认顾客对自己这种产品风格的偏好程度]
顾客	对，太现代的东西很容易过时。
导购员	陈先生真是注重生活品质的一个人！我还想问一下，您家的客厅除了放厅柜和沙发之外，还打算放其他什么吗？
顾客	另外再买两盆绿色植物就好了。
导购员	对呀，这种风格的客厅里应该放一些绿色植物，您很懂得布置家庭环境！
顾客	这个很简单嘛！
导购员	那么您现在一定很喜欢这套沙发和厅柜吧？[停顿]
顾客	[顾客不发表意见，证明顾客心里还有疑问]
导购员	那么我向您介绍一下产品的特点吧……所以，这样的产品质量您就不用担心了，再说是来自大厂家，售后服务也不会出现问题。您认为呢？ [导购员向顾客介绍了产品的主要特色和优点]
顾客	是不错，我看过 B 品牌的那套产品，也很喜欢。 [顾客终于说出了心里话，他虽然比较满意这套产品，但他对竞争对手的产品似乎更有好感]

导购员	您喜欢 B 品牌，一定有原因吧？
顾客	B 品牌的价格比你们产品的价格要低出好几百块。 [证明了如果自己的产品与竞争对手的价格差不多，顾客很可能购买自己的产品]
导购员	陈先生，除了价格，B 品牌还有哪些方面吸引您？
顾客	产品本身也挺不错的。 [导购员非常了解 B 品牌的产品，实际上，B 品牌的产品风格并不是很适合顾客家的装修]
导购员	您看，您的房间是那种带有传统色彩的风格，而且颜色也是白色带暗黄，而 B 品牌是属于现代简洁风格，我想不如这种产品更适合您家的装修。不如您再仔细想想，不要急，考虑清楚之后再做决定好吗？ [给顾客好的建议]
顾客	嗯……那种产品是有些现代。
导购员	以我几年的经验来看，您家的装修风格确实应当选择沉稳的、像这种颜色的家具。这个品牌也完全可以让您信赖，您知道吗？我们的销售量几年来一直保持在行业的前三名。 [为顾客提供最好的产品、最好的服务以及最好的家居方案，让顾客感觉物有所值]
顾客	……[顾客在第三次来店时订购了这名导购员推荐的产品]

从这个实例我们可以看出，这位导购员并没有以自我为中心，也没有直接向顾客推销产品，而是站在顾客的立场、以帮助顾客的心态，为顾客提供最适合的解决方案，这就是顾问式销售。

自我检讨

10 销售专家的魅力

建立信赖感的第四关键——表现你的专业水平

对家具导购员来说，什么叫专业？

☞ 非常熟悉产品的风格、结构、材质、价格、功能、特性、内涵、特殊的生产工艺、售后服务，生产企业的优势和品牌的影响力等；

☞ 对主要竞争对手的上述方面非常了解；

☞ 对家具行业要有整体的认识；

☞ 懂得如何布置家居环境、如何摆放家具、家具保养等；

☞ 顾客心理学。

你专业吗？如果你不够专业，那么你已经失去了很多成交的机会。同样的产品，专业能力强的导购员一定比专业能力不强的卖得好。前文提及，顾客选购家具是一个很长的复杂购买过程。在这个过程中，他往往很难快速做出决定，他很希望有非常专业的导购员给他信心和帮助。如果你就是这个非常专业、能够让他信赖的人，你的成交机会一定会很大。

对于有心学习并希望做好销售工作的导购人员来说，学会这些专业性知识不会太难，只要平时多留心，你可以从企业网站、宣传册和培训资料等媒介上学到很多。如果有比较特别的问题，你还可以打电话向厂家的专业人员咨询。

成功销售的诀窍之一，就是用你丰富的专业知识，给顾客留下深刻的印象，让顾客实际得到的比期望的更多，并帮助他们认识产品，帮助他们做决策，帮助他们选择到满意的产品。

在下面的实例中，可以了解到这名导购员是如何运用丰富的专业知识建立了良好的信赖感，从而改变了顾客的想法。

实例解读：

导购员	您好！
顾客	你这里有没有贴木皮的家具？
导购员	您先来看看吧！ [其实这家店是卖实木家具的，但是，这位顾客指明要贴木皮板式家具，该怎样转变顾客的想法，让她关注实木的产品呢？]
顾客	我邻居家买了贴木皮的家具，我很喜欢那种产品。你这种是不是贴木皮的呢？ [可知这位顾客对产品了解得不多，如果进行引导，或许能够转变顾客的想法]

导购员	贴木皮的产品看起来很不错，大姐，请问怎么称呼您呢？
顾客	我姓刘。
导购员	刘大姐！您先在这儿坐一下，我去给您倒杯水。 ［导购员希望以此拉近与这位顾客的关系，为顾客倒杯水，这样也可以让顾客停留更长的时间］ 来，请喝水！刘大姐，您说很喜欢贴木皮的家具，一定有一些原因，是吧！
顾客	我就是觉得这种产品好看，有档次，我邻居也说这种产品不错。
导购员	就是说您重视产品的外形和质量，是吗？
顾客	是，质量和外观都很重要。
导购员	我想请教一下刘大姐，您认为家具的外形、质量、环保性哪一个最重要？
顾客	家具会有不环保的吗？这个我还不太清楚。 ［证明了顾客对家具的环保性不了解。实木家具在环保性方面一定好过贴木皮的家具，如果让顾客充分认识到家具对人体健康的影响，就有机会让顾客选择实木产品］
导购员	很多人都不知道这一点很重要！您知道吗？现在市场上的很多产品在环保方面达不到国家规定的标准，这会让消费者的身体健康受到很大伤害。 ［让顾客认识到做出错误选择所带来的痛苦］
顾客	这样吗?!

导购员	是啊，上个月在报纸上还刊登了，有一个孕妇因为使用了环保性差的家具，后来影响了她的生育，现在正在与家具厂家打官司。 [运用痛苦加大法，让顾客认识到可怕的结果]
顾客	贴木皮家具不会有这样的问题吧！我没听我邻居说过。
导购员	不能说贴木皮的家具就不环保，但我可以肯定地说，实木的家具可以让您完全放心地使用。
顾客	那么贴木皮的产品和实木的有哪些不同？
导购员	贴木皮的家具是以人造纤维板为基本材料，用胶水把木皮粘在纤维板上，再通过机器把板和皮紧压在一起，最后在贴好木皮的板材上面进行多次喷油加工制造而成。这种产品视觉美观，一般都是直线条，比较有现代感。但是，因为它是用纤维板制作，所以，如果厂家在生产工艺上处理不好，质量控制不严的话，产品很可能会受到气候或压力的作用，导致变形或裂边。[停顿] 又因为贴木皮的产品在工艺上需要使用大量的胶水和油漆，假如使用了一些不合格的原材料，就很容易生产出不符合国家环保标准的产品。您能理解吗？ [表现出专业性]
顾客	从来没听说过！

导购员	是啊！而实木的家具就不一样了，它是用原木为材料加工而成的。按规定，只有框架、门板、面板、旁板都是实木的家具，才能称为实木家具。这样的产品完全环保，而且很耐用，不会变形也不易破裂。来，我带您看看产品吧！您看，这完全是天然的木头，非常耐用。您用手敲敲，听声音就可以听出来，对吗？ [表现出专业性]
顾客	这么说，还是实木家具使用起来比较放心，那么，这两种产品的价格是不是差很多？ [顾客开始对实木家具产生兴趣了]
导购员	当然，从长远考虑，还是应该买实木的，必定健康才是人生最重要的嘛！ [先不要同顾客谈价格]
顾客	这倒是，实木是不是贵很多？ [顾客再次问到价格，证明如果价格可以接受的话，已经愿意选择实木产品了]
导购员	与贴木皮的相比，当然是贵了一些，必定质量和材料不一样嘛。您稍等一下，我给您拿份产品资料吧。 [尽量让顾客多了解产品，先不要谈价格]
顾客	好啊。
导购员	刘大姐，来，这份产品资料您拿着吧。为了以后我们这里有什么优惠活动的时候可以通知到您，我想把您的联系方式记一下！ [现在这位顾客已经是意向顾客了，应当留下联系方式以便电话跟踪。需要注意的是，如果导购员确定顾客今天会购买，千万不可以告诉顾客后期可能有优惠活动等等]

顾客	好啊！我的电话是……

可以肯定地说，这名导购员完全是通过多种销售技巧，尤其是灵活地运用其丰富的专业知识，使这位顾客放弃了原本打算购买贴木皮家具的计划，转而对实木家具产生了极大的兴趣。

自我检讨

_ _

_ _

_ _

_ _

_ _

_ _

_ _

_ _

11 几句话与100万元订单

建立信赖感的第五关键——发自内心地赞美顾客

正如威廉·詹姆斯所说："人性中最深切的心理动机，是被人赏识的渴望。"人们总是期待别人欣赏的目光，总是希望得到别人的认可。欣赏和赞美他人，是对他人的尊重，是一种气度，一种态度，愉悦着别人，也愉悦着自己。

赞美不是与生俱来的，它是通过不断学习、不断加强自身的修养而养成的审美观的自然流露。赞美不是奉承、不是献媚、不是虚夸。实事求是的赞美，是一种语言的智慧、人生的智慧。

你一定知道赞美在建立信赖感方面是特别重要的，你也肯定在工作过程中赞美过顾客。但是，你可能感觉难以找到更多更好的方式来赞美顾客，对吗？实际上，只要你多关注细节，就会发现有很多语言可以用于赞美顾客。千万要记住：一定要真诚地赞美对方。下面是一些赞美顾客的语言，可供选择使用。

销售冠军的策略

"您的看法很独特，让我受到了启发！"

"从您说话可以看出，您真的很专业！"

"您看起来很青春时尚，只有这种时尚又高档的家具才适合您！"

"真的很羡慕您有这么好的新房子！"

"像您这样追求高品质生活的人，当然要选您看到的这种最有档次的品牌！"

"看你们多幸福啊，全家人一起出来看家具！"

"如果我帮您选的话，也选这种颜色，因为它才符合您的品位。"

"如果有机会，我一定要向您请教赚大钱的方法。"

"您的父母一定是很有学问，给您取了这么好的名字！"

"一听您讲话，就知道您一定是个很有影响力/很果断/很热情/很友好/思维很超前/人际关系很好/思考全面/很有品位的人！"

"专家就是专家，提出的问题就是和一般人不一样，都问到点子上了！"

"您是我们的大客户/重要客户嘛！"

实例解读：

几句话与100万的故事

顾客	这种车有宝石蓝色的吗?

导购员	您很喜欢宝石蓝色，不好意思，现场没有，如果您需要，我们可以为您预订。
顾客	没有现货？我可能等不及预订了。
导购员	您很急用吗？您觉得银色的怎么样呢？
顾客	我不喜欢这种颜色。
导购员	宝石蓝色的车看起来很有深度，比较适合您的风格。 [理解对方的需求，并发现机会赞美顾客] 先生，现在也有很多老板喜欢这种银色的，它看起来很有档次，您认为呢？
顾客	你看我的衣服都是深蓝色的，我这个人就是比较挑剔，不是特别喜欢的东西就不愿意买。 [顾客听到销售员的赞美之后，心情比较舒畅，开始说一些个人的话题了]
导购员	对呀，这件衣服穿在您身上看起来就是不一样！难怪您这么偏好宝石蓝色的汽车！先生，您也可以感觉一下银色的车，说不定也会让您感觉很不错！ [又是一个赞美的机会，同时再次推荐顾客选择银色的汽车。注意，如果顾客心里还没有接受你这个人时，如果你再三向他推荐他不喜欢的产品，很可能让他产生反感的情绪]
顾客	[走向那辆银色的汽车，从各个角度看那辆车]
导购员	不错吧！您认为怎么样？
顾客	这车子倒是不错，看起来很有档次，不过我还是想要宝石蓝色的。 [顾客仍然不愿意接受银色的车子]
导购员	先生，我们可不可以交换一张名片？我姓吴。

顾客	好，我给你我的名片。
导购员	原来是胡总啊！就是嘛，我看您就像老总级人物。那么胡总，您什么时候要用车？ [接到顾客的名片时一定要看看有什么值得赞美的地方]
顾客	10天之内吧。
导购员	很抱歉，如果预订的话，最少需要半个月到一个月，不知您是否能等这么久？
顾客	这么久的话，我就不能等了，我们过几天出去旅游，大家都已经定好时间了。
导购员	的确是很急的，那这样吧，我会把您的事向公司汇报一下，如果公司能够想到办法的话，我马上打电话通知您好吗？
顾客	好啊，那你就抓紧点吧。 [顾客离开了汽车展厅]

因为汽车销售公司无法在10天的时间内提供顾客想要的汽车，两天后，销售员打电话给胡总：

导购员	您好胡总！我是××汽车公司的小吴，您还记得吗？
顾客	小吴啊，你好你好！怎么样，订到蓝色的车了吗？
导购员	胡总，真的很抱歉，我们公司最快也要一个月才能订到这种车，不知道您现在愿不愿意考虑一下银色的？
顾客	没关系，谢谢你，银色车我就不考虑了。
导购员	是我们让您不方便了，我就是怕耽误您，所以赶快打电话给您说一声，您也好有充足的时间看看其他公司的车。
顾客	没事没事，我再去看看，你工作很细心！
导购员	您过奖了！胡总，我这两天也会找一些卖汽车的朋友，看看有没有您想要的那种车，如果有，我就给您电话吧。

顾客	好啊，谢谢你！
导购员	不客气，再见胡总！

在与顾客交谈的10分钟内，找机会真心而又自然地赞美对方，可以调解说话的气氛，可以带给顾客许多开心，最重要的是，赞美顾客可以让你快速建立顾客对你的信赖感。

实例中虽然胡总并没有购买汽车，但是因为销售员通过热心的服务和熟练的沟通技巧，给顾客留下了深刻的印象，并建立了良好的信赖感。在第三周的时候，胡总介绍了一位朋友向这位销售员订购了5辆进口汽车，总销售额达到100万元以上。

还需要告诉你的是，这个卖汽车的销售员就是2001年的我。

自我检讨

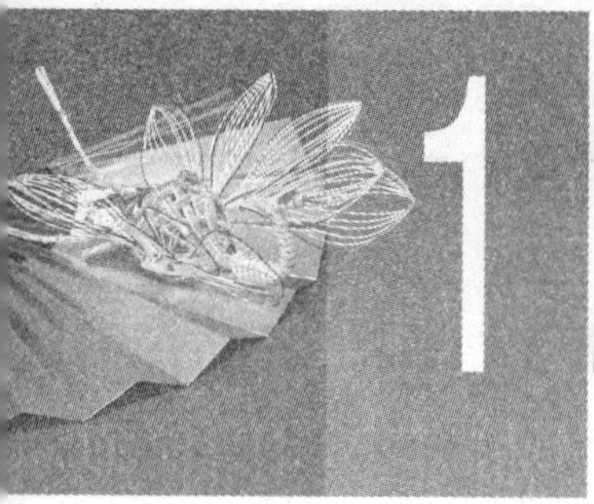

12 犯这种错误谁能救你

建立信赖感的第六关键——倾听顾客的心声

美国一电视主持人林克莱特在一期节目上访问了一位小朋友，问他：“你长大了想当什么呀?”小朋友天真地回答：“我要当飞机驾驶员!”林克莱特接着说：“如果有一天你的飞机飞到太平洋上空时，飞机所有的引擎都熄火了，你会怎么办?”小朋友想了想：“我先告诉飞机上所有的人绑好安全带，然后我系上降落伞，先跳下去。”当现场的观众笑得东倒西歪时，林克莱特继续注视着孩子。没想到，孩子的两行热泪夺眶而出，于是林克莱特问他：“你为什么要这么做?”他的回答透露出一个孩子真挚的想法：“我要去拿燃料，我还要回来！还要回来!”

现在你可以发现主持人林克莱特的与众不同了，他能够让孩子把话说完，并且在“现场的观众笑得东倒西歪时”仍保持着倾听者应具备的一份亲切、一份平和、一份耐心。

关于如何更好地倾听，罗杰·弗里茨在《像经理一样思维》的书中，告诉了我们一些技巧。

销售冠军的策略

☞ 发问与倾听。

可以提些诸如“您认为这就是问题所在吗”“您的意思是……”“您能说得具体一些吗”等问题。这些提问有助于你获得更多的信息，并了解问题的各个方面。

☞ 中立的态度。

像“嗯”和“有意思”等中性评价性语言能表示你对谈话感兴趣，并鼓励对方继续说下去。这也是最难的技巧之一，因为这要求你真正跟上对方谈话的主题。

☞ 重复和确认。

可用“按我的理解，您的计划是……”“您是说……”及“所以您认为……”等句式。这些说法表明你在倾听，并明白对方的意思。重复的重要性在于让你尽早发现有没有曲解对方。

☞ 回应和反馈。

常用的说法有“您的感觉是……”“您是不是认为自己没有得到公平的待遇……”切记听对方所言与知对方所想完全是两回事。

☞ 总结核心内容。

试着用“您的主要意思是……”等说法。不要第一个下结论，先听他人的结论可能更有价值。

作为导购员，有多少次你没有认真倾听顾客的心声？有多少次你打断了顾客的讲话？有多少次你不管顾客是否爱听，只顾自己说得没完没了？人的天性喜欢表达自己的观点，喜欢让对方接受自己的想法，而很少有人愿意做一个平静的倾听者、做一个观点或想法的接受者。

从心理角度分析，积极倾听对方的谈话，可以满足他被关注、被重视以及受到尊重的需求。因此，要想建立信赖感，导购人员需要做一名好的倾听者。

实例解读：

顾客	你看我又来了！ ［这位顾客在上周来过，且比较喜欢这种产品。通过听顾客讲话可以知道，她是一位容易交往的人］
导购员	罗姐，很高兴又见到您！
顾客	我老公等一会儿过来，我先在这里等他一下。
导购员	来，请这边坐一下！罗姐这几天在忙着收拾新房子吧？
顾客	对啊，很忙的。
导购员	很快就要搬家了，如果今天看好了家具就定下来，是吗？
顾客	如果今天定不下来，过几天也要定，不能再拖了。
导购员	罗姐，您也看过我们的产品两次了，我真的想知道您和您老公的看法？
顾客	说实话，我自己很喜欢你们的产品，我老公对你们的产品和另外一家的产品都比较喜欢，他还在考虑到底应该选哪家。
导购员	嗯，我的理解就是您和您老公两个人都比较满意我们的家具，是吧？ ［确认顾客的语言，是积极倾听的一种表现］
顾客	我们都喜欢这种，不过我老公对另一家也很感兴趣。

导购员	另一家是指哪一个品牌？我猜想，您老公会尊重您的选择。 [试探他们夫妻一般由谁做主]
顾客	他喜欢那个叫××的品牌，不过如果我坚持的话，我老公会支持我的想法，但要看你们的价格是不是很适合。
导购员	很羡慕您有这么好的一个老公！
顾客	人家也这样说，我老公这人比较有魄力，这次说买房就买了！ [因为老公刚刚买了新房，这位罗姐非常高兴]
导购员	哦，看您多幸福啊！您老公一定很体贴您！ [这位顾客很有可能要求她老公选择这种产品，现在导购员应当与这位女士培养良好的感情，拉近双方的距离，因此，应继续谈论她感兴趣的话题：她的老公]

你注意到了吗？这位导购员说的每一句话，都是围绕着这位顾客的兴趣点进行。她在谈话中充分运用到了确认顾客讲话、向顾客提问及赞美等技巧。

自我检讨

\- -

\- -

\- -

\- -

\- -

\- -

13 瞬间拉近与顾客的距离

建立信赖感的第七关键——适应顾客的行为习惯

适应对方，就是让自己适应顾客的行为或习惯，或配合顾客的行为或习惯，最终达到拉近与顾客之间的距离、建立信赖感的目的。在导购员接待顾客时，常常会感觉到有一种距离感存在于两人之间，尤其是和第一次见面的顾客更是这样。同样，顾客心里也会存在着这种距离感。如果导购员能够运用一些技巧，便可以轻易地使顾客接受自己，从而拉近双方的距离，让顾客快速建立起信赖感。

如果你想买某件衣服，这种衣服在一家你从没去过的店里有，另一家你常去的店里也有，价格和产品一模一样，你通常会到哪里购买？大多数情况下，你更乐意去你常去的那家店购买。为什么呢？原因就是在你和这家店之间少了一种距离和鸿沟，多了一份信任和关怀。

向顾客销售家具的过程中，在你与顾客之间建立起这种熟悉感或亲近感，将能够影响到顾客的购买行为和决策。当你们之间的距离变小了，你会更容易说服顾客，顾客也会更容易接受你。适应对方是一种简单而有效的技巧，它能够让你在短时间内拉近与顾客之间的距离。

销售冠军的策略

☞ 如果面对说话速度很快的顾客，你也要用很快的速度和他讲话；如果顾客说话很慢，你也应放慢说话的速度；

☞ 顾客说话声音很大，你就说得大声点；顾客说话声音小，你就让自己的声音也变小；

☞ 如果顾客坐下来，你也跟着坐下；顾客站起时，你也要站起。这不只是礼节问题，更是一种心理技巧；

☞ 如果对方是果断直接的人，你不妨也坦率直接一些；

☞ 如果顾客来自农村，你应当说："我小时候也住在农村，很喜欢那时候的生活"；

☞ 如果儿女带父母一起选家具时，你不妨在谈话中也提到自己的父母亲；

☞ 如果顾客带小孩子一起来看家具时，你可以提到自己的小孩；

☞ 遇到新郎新娘一起来时，你可以提一提自己刚结婚时的喜悦之情。如果你还没结婚呢，则可以表示你对他们的羡慕和祝福。

自我检讨

_ _

_ _

_ _

14 最灵验的沟通秘方

建立信赖感的第八关键——表达同理心

就像对顾客表示赞美一样，表达同理心（站在对方立场思考的一种方式）也是沟通中的一种润滑剂。它是让顾客与你更快速地建立信赖感的重点技巧。赞美是对顾客某一方面的认可和欣赏，而表达同理心是对顾客某一观点或是情感的理解和领会。这是一种与顾客站在一边的态度，是一种体贴并支持顾客的表现。

在导购人员推销产品的过程中，通常都是以这些方式来表示同理心：“是、对、就是……”严格来说，这只是对顾客观点的一种回应，不是真正意义上表达同理心的技巧。表达同理心的方式很多，以下是一些常用的技巧。

销售冠军的策略

“刘先生，和您现在的想法一样，我也觉得这种清雅的颜色特别适合您。”

“刘先生，我理解您的感受，这种情况很多人都碰到过。”

“刘先生，如果我是您，我也会这样想。”

“刘先生，您说我们产品很贵，我表示理解，同时……”

“刘先生，我完全理解您的感受，每个顾客都特别担心售后服务问题，就算是我，我也会有这种担心。”

“刘先生，上个月有一位顾客在看我们产品的时候，和您一样担心产品环保性，可是他用过之后一点担心也没有了。”

“刘先生，对于您认为价格水分太高的想法我能理解，同时您要看是什么产品或品牌，对吗？对于这种大品牌您可以完全放心。”

“刘先生，您这样配套很有道理。”

“刘先生，您认为我们折扣有保留我能理解，您看……”

“是啊，很多顾客也是在装修好房子后，才开始考虑家具预算的事。”

在表达同理心时，要注意两个方面：一是当顾客提起以前不愉快的经历时（比如顾客说：“售后服务都是假话，我上次买了一张餐桌，没有三个月就坏了，打了十几次电话也没人来处理！”），你应当以沉重的心情表示理解对方的感受。二是当顾客喜欢这些产品，可是在预算上有些紧张时，你一定不能表现出看不起顾客或是对顾客的这种难题漠不关心，而要从朋友的角度给对方最真诚、最合理的建议。

实例解读：

顾客	经我算过之后，说实话，总价已经超出了我的预算。你看，刚刚买了房，又是装修又是买家电，所以买家具就不能那么轻松了。

导购员	是啊，很多顾客在买了房子之后，买家具的预算就不是那么轻松了。 [表达同理心，理解顾客的心情，就算顾客这样说是为了讨价还价]
顾客	所以，我就想暂时先不买这么齐全，等到后期再说。
导购员	这样也好，先买一部分您急用的产品，过些时间再定下其他的好了。 [表达同理心，站在顾客一边]

顾客	要20多天才能送货，太久了吧！
导购员	陈小姐，20天左右的时间确实有一些长，但为了保障产品的质量，我们希望您能够理解。 [这是非常好的应对方法]
顾客	能不能在两星期之内送来，我担心月底我会很忙。
导购员	在您很忙的时候给您送货确实会为您带来一些不方便！陈小姐，我会把您的情况记下来，尽量安排人员在两周之内送货好吗？就算万一遇到您很忙的时候，我一定会提前通知您，以免为您带来麻烦。

顾客	怎么这个时候停电？我们来得真不是时候！ [顾客正在开单时突然停电了，等了十几分钟还是一片漆黑，因此顾客开始有点不耐烦了]
导购员	是啊，这个时候停电真是烦人！冯姐，您就稍稍等一下，我已经请同事去处理了。 [如果这种时候顾客跑掉就太可惜了，因此一定要理解顾客此时的心情]

顾客	我家里还有一大堆事呢！下午还会有客人到。
导购员	您今天真是很忙！ [又过了 10 分钟，依然没电，顾客更烦了]
顾客	今天真是不顺，来的时候在路上堵了半小时车，现在停电又耽误了半小时！
导购员	这商场也真是的，处理一点电路故障也要这么久！冯姐，不如这样，产品我们都看好了，免得耽误您的时间，现在我们拿着单据到有光线的地方写吧。 [帮顾客出气，这也是表达同理心的常用方式]

自我检讨

15 让竞争对手帮你卖产品

建立信赖感的第九关键——不要攻击你的竞争对手

在我采访西安一位非常优秀的导购员时，她说起了这样一个故事：有一天，一位先生来到店里（已经是第三次到此店），找到她之后对她说：“对面那家店的导购员说你们质量不好，售后服务也不行，我对她这种做法不是很认同。实际上，我对你们两家的这两个品牌都非常了解，对你们两家的产品和价格都比较满意，打算从中选一家，可是听她这样一说，我倒是不想选择她的产品了。”

后来，顾客在这位导购员店里购买了产品。分析一下，这位顾客已经来到家具商场多次，对于选择什么样的产品，在心里已经有了自己的评判和认识标准，只是还没有做出最后的决定而已。而竞争对手这样的说法，不但对自己的行为不负责任，而且也在低估顾客的智商，甚至是一种欺骗顾客的行为，她的这种做法完全破坏了顾客已经建立起来的信赖感，从而失去了一次成交的机会。

永远不要低估顾客的判断能力，永远不要攻击竞争对手。想要赢得竞争对手有很多方法，为什么非要说对方的坏话呢？这不正是对自己的优势不自信的表现吗？当竞争对手的导购员这样做时，她正是在为你创造销售机会。

在销售过程中，顾客经常会提到某某品牌，甚至会问你对某某品牌的看法。永远要记住，你可以运用技巧表现你的优势，但千万不要攻击你的竞争对手！下面就是一个值得学习的例子。

实例解读：

导购员	王总，除了交货期之外，您还有其他问题吗？
顾客	其实很多牌子的交货期都差不多，问题倒没有什么，不过我觉得我更偏好 R 品牌。 [顾客原来是在犹豫，两家产品都比较喜欢，到底该定哪个品牌]
导购员	您偏好 R 品牌，一定有某些原因吧？ [进一步了解顾客的需求]
顾客	很多人都说 R 品牌的质量不错，我看了几次，也感觉不错，你认为 R 品牌怎么样？ [顾客问导购员对 R 品牌的评价，这也证明顾客比较接受这名导购员]
导购员	是的，R 品牌的质量还是比较稳定的。王总，除了产品质量之外，您认为 R 品牌还有哪些方面比较好呢？ [顾客通过身边人的评价和自己的判断，已经认可了 R 品牌的质量，如果导购员在这时说 R 品牌的质量很差，顾客一定不会相信你，反而会失去对你的信赖感]

顾客	R 品牌的售后服务怎么样？ ［顾客好像对 R 品牌的售后服务有些疑问，再次问导购员］
导购员	售后服务真的很重要，一般大品牌都做得比较好。像我们公司每年至少开展一次顾客电话回访，为那些使用我们产品的顾客解决问题。 ［就算 R 品牌的售后服务真的很不好，也不能直接说出来］
顾客	嗯，产品的质量和售后服务确实很重要。
导购员	王总，这两方面正是我们的强项。而且，作为行业里面最具规模的大企业之一，我们的知名度和美誉度都是很高的，这样的企业才能真正保障顾客的利益，是吧？ ［避开谈论竞争对手，而是转过来谈论自己的优势。记住，花时间谈论自己的优势，比直接谈论竞争对手更有价值］
顾客	这个没错，大公司的东西用起来比较放心！
导购员	王总，还有就是根据我对您家装修风格的了解，我认为您应该配置我们这种风格的家具，因为太过现代的家具并不适合您的房间，您认为呢？ ［因为竞争对手的家具风格不是很适合这位顾客，所以应当让顾客明白，选择我们的产品才是正确的］
顾客	你这种产品看起来文化氛围浓一些，R 品牌就现代一点。我在那边的时候，导购员也说她的产品最适合我家的装修，我都不知道你们谁说得对谁说得错了。
导购员	王总，我只是以我几年来的经验给您最适合的建议而已，到底适合不适合，相信您自己心里有数，对吗？
顾客	这个我也很难讲，看起来花钱买东西也不容易啊！［笑］

自我检讨

16 销售冠军比你多知道一点

建立信赖感的第十关键——与顾客保持长期的关系

顾客购买家具，从初步了解信息到决定购买是一个漫长的过程。在这个过程中，除了你之外，还有很多“竞争者”也正在努力说服这位顾客，希望获得这次成交的机会。如果这位顾客已经是第二次或第三次来到你的店里，而你还记不住他的名字，不知道他对什么产品有兴趣，不了解顾客的真正需求和购买动机的话，那么你注定是一名失败的导购员。

记住，一定要与顾客保持一种长期的关系，这是让你的销售业绩提升 3 倍以上的秘诀。

一位顾客因为换新房，需要购买全套大约价值 6 万元的家具，他一共在本市的 4 个家具城看过了 19 家品牌专卖店，最终他要从这 19 个品牌中选择一家购买。你认为他会选择哪一家？如果你是品质最好，知名度最高，同时价格也是最低的那家，这位顾客或许会主动找到你，向你订购产品。但是，要在这个市场上找到品质最好，知名度最高，同时价格最低的产品是不可能的。那么，你该怎样得到这笔6万元的订单呢？

有一名非常优秀的导购员小林，来自江苏，她向我讲述了如何成交一笔大订单的经典故事。

实例解读：

顾客来店看家具一周后的电话跟踪

导购员	李先生您好！我是××家具店的小林，您现在讲话方便吗？ [李先生在一周前来看过，比较喜欢这家的产品，但房子刚定下，还不急于买家具。因为导购员小林与李先生沟通得非常不错，建立了初步的信赖感，得知这位顾客打算房子安置好后要购买全套家具，并且留下了联系方式。现在是一周后，小林认为应当打个电话，以便进一步建立信赖感，并更深入地了解顾客的需求]
顾客	哦，小林你好，现在方便！
导购员	我今天打电话主要是想问一下，您上周也看了很多家具，不知道有没有看到比较合适的？ [打电话要给顾客一个理由，最好是能带给顾客某种好处的理由。在这里可以根据顾客的性格以及自己与顾客之间的熟悉程度，采取不同的沟通方式]
顾客	初步看了一下而已，还比较早，现在也不用急着选择。
导购员	我想请教一下李先生对我们产品的看法！ [引导顾客说出自己的看法，从而了解顾客的想法。注意用“请教”这个词，它可以帮助你获得顾客的认可和喜欢]

顾客	你们的产品还不错，毕竟是大牌子。 [顾客并没说出真正的看法，因此导购员需要进一步挖掘]
导购员	李先生，您说我们的产品不错，是指产品风格和颜色比较适合您呢？还是说品质和功能比较好？
顾客	我很喜欢你们产品的风格，看起来特别大气、有档次，你们是大品牌，质量应该没问题。
导购员	谢谢您的认可！上个月有一个市长就购买了我们的产品，他的看法和您的一样。李先生，您上次出来看家具时，还看到其他比较满意的品牌吗？ [了解顾客是否对其他品牌也有意向]
顾客	还有就是 C 品牌和 D 品牌都还可以，和你们的材质不同，价格也有些差异。
导购员	就是说您对这三个牌子都有意向吧，您认为哪一种更适合您的个性以及您的家庭？
顾客	这个现在不好说，反正还早嘛，以后再定吧。 [顾客想挂电话了，导购员的目的基本达到，可以结束本次通话了]
导购员	好的，谢谢您对我们产品的认可，如果您不介意，我会和您保持联系。再见！
顾客	好，再见！

一个多月后，顾客的生日，导购员再次打电话表示祝福

导购员	李先生，我是××家具店的小林，今天是您的生日，祝您生日快乐！ [在第一次与顾客沟通时，小林知道了李先生的生日。这是每一个导购员都应当留心的]
顾客	哦，谢谢！小林，你都记得我的生日啊？
导购员	那当然，我们都这么熟悉了，一定记得，我没有什么礼物，也要打个电话啊！李先生，今天一定过得很开心吧？
顾客	是啊，很多朋友都在一起。
导购员	那您应当好好享受，我就不打扰您了，再见！ [这种时候除非是顾客不想挂电话，否则最好表达了自己的祝福之后就结束电话]
顾客	好的，谢谢你！再见！

三个月后，中秋节，导购员再次打电话表示节日问候

导购员	李先生，我是××家具店的小林，今天是中秋佳节，打个电话问候您一声！ [对于做销售工作的人，每一个节假日都是很宝贵的机会]
顾客	小林啊，谢谢，中秋快乐！
导购员	想必你们全家人在一起开心吧？中秋节是怎么过的呢？
顾客	本来打算出去旅游的，但考虑节假日人太多，就在家里过算了。你呢？今天放假了没有？
导购员	我今天坚守岗位，不过下班就回家！
顾客	中秋节也没休息？不容易！

导购员	是啊，我们服务行业就是别人休息的时候我们最忙。李先生，您的新房子现在怎么样了？
顾客	正在装修，可能半个月到20天就可以全部装修完吧。
导购员	太好了，不久就可以住新房子了！大概什么时候搬家呢？
顾客	新装修的房子还不能住，可能要一个多月。
导购员	那很快了，李先生，不知道您有没有空来店里看看，我们现在正在进行中秋节促销活动。
顾客	有什么优惠呢？[顾客有意向]
导购员	是啊，截止到本周，所有产品可以打八折，我建议您来看看，我们平时都是不怎么打折的。
顾客	我想来看看，不过现在正装修房子，实在是没时间，你们下次还会有什么优惠吗？ [证明了顾客对产品还是很有兴趣的，只是现在还不急着购买]
导购员	现在真的是一个好机会，希望您能抽出一点时间来看看，至于下次什么时候有优惠活动就不好说了。
顾客	行，如果我有空就来看看，来不了就下次再说吧。
导购员	好的，如果您万一不能过来，下次有好的优惠活动我第一个通知您。

第四个月，导购员打电话通知顾客有新的促销活动

导购员	李先生您好！我是××家具店的小林，又是一个月没听到您的声音了！[记住，除非很熟悉，否则一定要做自我介绍]
顾客	小林，你好！

导购员	今天打电话是要告诉您一个好消息，我们公司明天举行周年庆典，推出了一系列优惠活动，所以我就第一个通知我的大客户啦！ [每次打电话给顾客时，都要给顾客新的东西，否则顾客容易产生厌烦的情绪]
顾客	好嘛，我就是准备这几天去家具城看看，房子刚装修好。
导购员	您办事真是很有效率，说完成就完成了。李先生，您打算什么时候过来？
顾客	我在三天之内过来吧，你们有些什么优惠活动？
导购员	好几种优惠，这样吧，电话中也说不清楚，我就等您过来再说好吗？
顾客	好，我去了就找你！

保持了四个月的联系之后，李先生在小林的店里一次订购了 5 万多块钱的产品。李先生事先也看过了很多品牌，并且对好几家的产品都有意向，并不只是对小林的产品感兴趣，如果小林没有在顾客第一次看产品一周后进行电话跟踪，没有在顾客生日时的祝福，没有在中秋节时的问候，也没有最后一次促销活动的通知，这位顾客或许并不会购买小林的产品。

维持与顾客长期关系的好处

☞ 建立并增强信赖感；

☞ 更容易了解顾客的真正需求；

☞ 与顾客交朋友，就算现在不买，以后要买时他会考虑你；

☞ 有机会重复购买；

☞ 有机会得到顾客的转介绍。

与顾客维持长期的关系是家具导购人员应该具备的一种态度和观念。要做到这一点，需要导购员学会管理目标顾客。我经常看到导购人员对目标顾客的管理缺少意识，只是顺其自然，不愿意留下对方的联系方式，也很少打跟踪电话，即便是打了电话也缺少技巧，等顾客再次来到店里时，已经不记得上次谈了些什么，甚至连顾客的姓名都忘了。正因为这样，专卖店在不知不觉中损失了很多销售机会。

销售冠军的策略

☞ 务必给顾客一个良好的第一印象；

☞ 对顾客的需求有一定的把握；

☞ 站在顾客朋友的立场介绍产品；

☞ 了解并记下顾客的相关信息，包括电话、需求、性格特点等；

☞ 如果在某种媒体上看到有关家具方面的信息，打电话告诉顾客。注意这种信息要能对产品和顾客都有好处，能让顾客产生兴趣；

☞ 公司新产品上市或有促销活动时通知顾客；

☞ 节日时的促销礼品别忘了为顾客留一份；

☞ 节日时打电话表示祝福；

☞ 记住顾客结婚（或搬家）的日期或生日，一定打电话祝贺。

自我检讨

JIAJUYINGXIAO

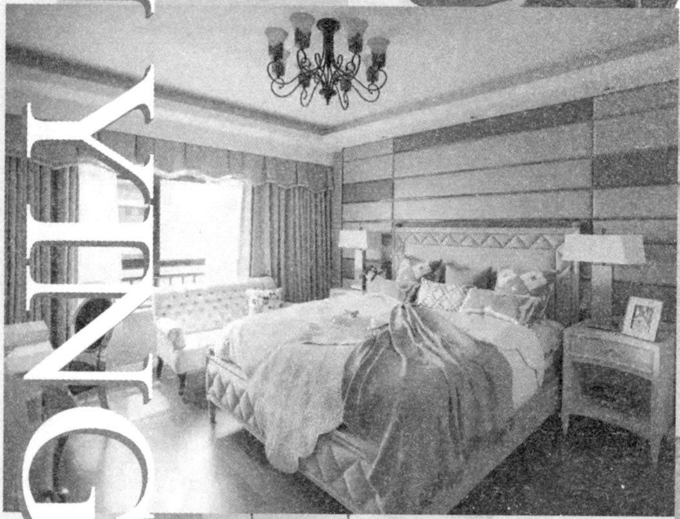

第3部分

90%的导购员常犯的错误 冠军秘诀大公开

我在近年的工作实践和研究中，发现一个现象：优秀导购员仅占总数的10%以下，普通的导购员占了90%以上。她们之间的差别到底在哪里呢？通过分析和研究，得出的结论是：除工作态度因素外，90%的导购员经常而重复地犯着一些错误，这些错误是形成这种差异的主要原因。

17 跟着顾客转，直到送出门 带着顾客走，吸引并留下他

在专卖店里经常遇到这样的情景：顾客从左边门口进来，一边慢慢往前走，一边看家具。导购员手拿计算器，跟着顾客往前走。顾客不讲话，导购员也没有开口。直到顾客从右边门口出去，导购员面带茫然和无奈的表情回到原先的位置，继续等待下一位顾客的光临。

你曾有这样的经历吗？

通常情况下，有这种表现和行为的顾客，是属于闲逛型和好奇型的顾客，他们只是来打发时间或是满足好奇心而已。他们之所以不向你询问是怕你太过热情，最后不买东西弄得不好意思。那么遇到这样的顾客，导购员是应该主动与他沟通，是应该跟在他后面走，还是应该不予理睬？

导购人员需要明白的是，对于家具企业或是经销商来说，他们平时一般不专门做广告宣传，专卖店本身就是一扇让消费者了解信息的最好窗口，消费者来到店里观看产品就是一次难得的宣传机会，并且这种宣传的效果是广告的好几倍。因此，只要有顾客来到专卖店，导购员都应该珍惜这次宣传产品或品牌的机会，这将为产品的销售带来长期的影响和帮助。

很多导购员不愿意这样做，因为她们认为这样比较累，而且没有什么意义。如果你也这样想，我想请问：顾客今天在你这里买产品，是不是因为他以前对你的产品或品牌有过一定的了解或认知？一定是。因为大多数人买东西，都愿意选择他所熟悉的。如果顾客对你的产品一点也不了解，他就不可能付账签单。那么，今天来到你店里“观光”的顾客，有没有可能在不久的将来购买你的产品呢？当然有这个可能。

另外，在一天的工作时间中，有多少位顾客需要你接待？我走访过许多城市，发现各地区都很相似，除了节假日之外，家具城里的顾客可谓极少。如果你的店里一天只进来三五位或是十几位顾客，你是不是应该认真接待每一位顾客呢？你不但应该，而且要全力以赴。因为今天的这三五位或十几位顾客，很可能正是以后向你购买产品的人。今天向你购买产品的人，正是以前某一天来到你店里的顾客之一。因此，每一位导购员必须记住以下几点。

销售冠军的策略

☞ 专卖店就是宣传产品的窗口，导购员应当用最有效的方式告诉每一位顾客产品或品牌的独特优势在哪里。

☞ 对于闲逛型或好奇型的顾客，需要在他们脑中植下一个对产品或品牌非常深刻的印象，这样做可以对品牌或产品进行有效的宣传，有助于口碑的建立以及增强顾客对产品的印象。

☞ 不要只是跟着顾客走，要想办法与顾客互动起来（有几种方法可以让不开口的顾客讲话：一是先递给顾客一份宣传资料，再引导顾客讲话；二是利用顾客的好奇心，对他说“您一定要知道”“非常关键”等语言；三是多问“为什么”“怎么样”；四是保持活力与热情，提高说话的兴奋度，这样可以感染顾客的情绪）。

☞ 如果店里顾客较多，可以少花些时间在闲逛型或好奇型的顾客身上。

实例解读：

顾客	[从门口慢慢走进来，没有对任何产品产生特别的兴趣。第一感觉可以判断，顾客只是闲逛而已]
导购员	欢迎光临！ [导购员仍然需要充满活力与热情地接待顾客，如果没有更重要的顾客需要接待的话]
顾客	[点头，没表情，继续往前看]
导购员	小姐，有什么可以帮到您吗？ [保持说话的兴奋度，这样容易感染顾客]
顾客	我随便看一下。 [顾客依然神情冷淡]
导购员	没问题！小姐，您是第一次来看我们的产品吧？ [微笑，热情地与顾客说话，想办法与顾客交流]
顾客	[点头，就是不说话，也不看导购员，继续往前走。很显然，顾客没有放开，感觉不买产品不好意思麻烦导购员]
导购员	这里有一份很好的资料，您可以带回去看看！ [导购员在顾客看产品的时候，取了一份宣传资料。注意，顾客一般都会接受你递给他的资料，当他接受了资料之后，通常更容易打开心扉]

顾客	好，谢谢！
导购员	不客气！您知道吗？××家具是国内最大的品牌之一，销售量在全国都是排在前三名的。 [虽然知道这位顾客今天不是来买家具的，但是也要对她进行品牌宣传，这会为以后的销售打下基础。注意，这几句话一定要精练，要能让顾客产生深刻的印象]
顾客	哦，大品牌！
导购员	小姐，请教您一个问题，一般您会在换新房子的时候买家具呢，还是在其他时候买？
顾客	什么时候需要什么时候买吧。
导购员	也对，今天您想要了解哪些方面呢？ [确认顾客的动机]
顾客	我只是来看看，现在还不需要。
导购员	没事，尽管看吧！以后想买家具时，一定要选行业品质最好的××品牌！ [再次宣传品牌]

自我检讨

\- -

\- -

\- -

\- -

\- -

18 问一句答一句，被动介绍 主动挖掘顾客需求

顾客走进店，向导购员问道：“这里有没有浅色的家具?”导购员说：“欢迎光临××专卖店！浅色的在前边，请跟我来。”顾客跟导购员来到浅色产品区域后，反复看着一款衣柜。导购员问：“想看看这款衣柜吗?”顾客没有马上答话，过会儿问道：“这衣柜多少钱?”导购员说：“4200元。”顾客说：“嗯！你们打几折?”导购员说：“现在打八八折。”顾客考虑了一下，说道：“好，我先去转转再说吧。”导购员充满期待地对这位正在走出店门的顾客说：“如果喜欢欢迎再回来看看!”

这位顾客永远也不会回来了。现在家具市场价格战愈演愈烈，很多品牌在销售过程中用尽一切办法来抢夺市场，消费者在重重“诱惑”面前很难保持清醒的头脑。后来，这位导购员得知那位顾客花了同样的价钱去另一家店订购了质量并不及自家店的产品。

因此，如果导购员不能把产品的特性及优势有效地告诉顾客，并且让顾客清楚地认识到这种特性及优势，如果没有站在朋友的立场为顾客选择或推荐产品，这其实是一种对顾客不负责任的行为。通过上面的实例就正好说明了这一点：顾客花了同样多的钱，但是没能享受到更好的产品和服务。

是什么原因导致这位导购员没能把握这次机会呢？答案是这位导购员犯了如下的错误。

销售失败的原因

- ☞ 没有主动意识，不懂得提问并了解对方的真实需求；
- ☞ 没有给对方留下深刻的个人印象和产品印象；
- ☞ 没有留下对方的联系方式；
- ☞ 没有拉近两人之间的距离并建立信赖感。

假如我们让上面实例中的那位导购员换一种方式进行导购，或许结果就不一样了，请看下面的实例。

实例解读：

顾客	你这里有没有浅色的家具？
导购员	有啊，欢迎您！请跟我来！这边就是。
顾客	[反复看着一款衣柜，不说话]

导购员	先生，我帮您打开衣柜看看好吗？您看，这组衣柜最大的特点就在于它的功能性和设计风格，顺便问一下，您认为产品的功能性重要还是设计风格重要？ [通过提问了解顾客的需求，而不仅仅是回答顾客的问题。另外，通过提问可以与顾客互动起来，以便达到更好的沟通效果]
顾客	应该是都重要吧，这款衣柜主要有什么功能呢？
导购员	您看，它可以根据您的需求进行灵活的配置，内柜里可以放一些不常用的东西，裤挂可以把裤子挂起来以免弄皱，上面一层的空间很大，在夏天您可以把冬天的物品放上去……先生请问怎么称呼您？
顾客	我姓吴。
导购员	吴先生，我想请教一下，购买一组衣柜，您主要是想解决哪些问题？比如说家里物品太多没地方放，或是原来的衣柜不实用？您的原因是什么呢？ [一定要先了解到顾客为什么要购买这个产品]
顾客	原来的衣柜有点坏了，家里很多衣服之类的东西没地方放，所以就想看看有没有合适的。
导购员	吴先生，您所认为的合适是指哪几方面呢？ [通过提问挖掘顾客真正的需求]
顾客	空间要比较大，能放很多东西，最好是能够放一些小东西的那种。

导购员	理解。对于空间，二米四的衣柜比较大，不知道您的房间能不能放进去？ [注意，导购员现在一边了解顾客的需求，一边向顾客介绍、推荐产品]
顾客	二米四可以放进去，这组衣柜多少钱？ [顾客开始问价格，证明他已经产生了购买意向]
导购员	这种衣柜还有一个很大的好处就是可以灵活选配，如果您的房间大，需要放的东西很多的话，可以加宽。吴先生，您觉得多宽比较适合？ [先让顾客全面了解产品的优势，而不要过早谈论价格]
顾客	像这组这么大就可以了。
导购员	这组是四门的。您再看看里面，它分为多层，上面可以放入厚衣服或是棉被，中间可以挂很多衣服，下面有挂裤子的裤架和放小东西的内柜，使用这种衣柜不但非常方便，而且看起来特别美观，您看是不是特别适合您？
顾客	嗯。 [通过前面的沟通，顾客对产品的规格、功能和外观基本上认可，但现在还没有表态，或许在价格上还有疑虑]
导购员	吴先生，您了解××这个品牌吗？
顾客	好像在电视上看到过一两次广告。
导购员	××家具在全国都属于最有影响力的品牌之一，前年还被评为“用户满意第一品牌”，所以说，大企业的东西，消费者是非常认可的。这里有一份资料，您可以看看。 [在与顾客谈价格之前先把产品的价值塑造出来]

顾客	这衣柜多少钱？ [顾客再次问到价格，或许很有购买意向了]
导购员	按这样的配置 4200 元整，现在促销期订货可以打到八八折，算下来是 3700 元左右。
顾客	这个价不便宜。 [再便宜的产品顾客也会说贵]
导购员	吴先生，您说它贵，是指和什么产品相比呢？ [这是一个非常有效的问题，导购员一定要学会这样的提问方式]
顾客	我看 B 品牌打八折。
导购员	至于打几折并不能判断产品是否便宜，您要算出折扣价之后再做比较，对吗？[停顿] 再说，两种产品相比较，通常是品质和服务都更好的产品，价格才会更高，您同意吗？
顾客	[不说话，或许顾客已经被说服了]
导购员	吴先生，还有一个至关重要的问题我应该告诉您，[停顿] 您认为家人的健康重不重要？ [不要直接说产品是环保的，通过顾客对健康重要性的认可，再提出自己产品的环保性，就能达到加倍的效果]
顾客	健康当然重要了，这与买家具有什么关系？ [证明顾客没有选择环保家具的意识]
导购员	吴先生，您是一个负责任的家长，当然要对家人的健康负责，买家具的时候，多投资一点钱买真正环保的产品，其实是很值得的，对吗？

现在，你是否认识到技巧的重要性？不一样的导购员，不一样的方法，就会产生不一样的结果，对吗？这本书可以改变你，你会在后面的

章节中学到更多的方法。

自我检讨

19 只说自己想说的 告诉顾客需要的和想要的

在深圳一个家具商场做调查时，我看到了非常有趣的一幕，我也相信这样的事在每个家具商场都可能发生。

一位先生快速走进专卖店，直奔六门衣柜而来，然后向导购员询问了价格（快速直奔某一产品，并且问到价格，可以判断这位顾客一定会在近期购买这种产品）。

导购员报价后，便开始告诉顾客产品的材质及生产企业的有关情况。

顾客一边听导购员讲，一边把衣柜门打开，仔细检验产品是否有气味（证明顾客有环保意识，非常关注产品的环保指标。大家都知道，新产品有一点油漆味是正常的），然后说道："感觉有一些味道。"

导购员对顾客的动作和语言仿佛视而不见，继续不停地说："先生，我们的品牌在去年被评为了行业前三甲，质量方面一定没有问题。"

顾客说："前三甲的产品也有这么大的味道吗？"

导购员不知所措。

这位导购员告诉顾客企业的优势，这一做法是对的，但是不合时宜。顾客当时最关注的是产品的环保性，对企业是不是前三甲还不感兴趣，因此导购员说了也是白说，对吗？你是行业前三甲，怎么产品会有这么大的气味？这名导购员在导购方法上存在着问题，一是观察能力不强，应变能力不够；二是只说自己想说的，不懂得洞察顾客的心思。

导购员如何做才能有力地说服顾客呢？不要只告诉顾客自己知道的和想要表达的，而要告诉顾客想要听的以及顾客真正需要知道的，最重要的是，要用顾客能够听进去的方式表达。

也许对很多导购员来说，做到这一点很难。因为导购员不知道顾客到底需要什么、到底想要什么，也不知道顾客容易接受导购员用什么样的方式讲话。方法是存在的，技巧也是有的，只要导购员多学多练，就会学会这些有效销售的知识。以下是一些具体的方法，可以帮助导购员判断顾客到底需要什么。

销售冠军的策略

☞ 把自己想要说什么先忘掉，把心放在顾客身上；

☞ 留意顾客的每一个动作、眼神和语气；

☞ 顾客检查产品是否有油漆味时，你就应该告诉顾客产品的环保优势及保障，并设法解除他的疑虑；

☞ 顾客关注产品工艺时，你就告诉他产品的材质及做工优势；

☞ 顾客琢磨价格时，你就告诉他企业的优势、品牌的影响力及产品无可替代的价值；

☞ 顾客不说话时，你就问他“怎么样”“为什么”；

☞ 如果顾客没有意识到产品的某一特性对他的好处，你要用他爱听的方式把好处告诉他，让他认识到这一点可以为他解决某种问题。

实例解读：

顾客	［已是第二次来到店里，对一款厅柜很有购买意向］
导购员	黄先生，很高兴又看到您！最近还好吧？
顾客	是啊，今天再看一下这款厅柜，上次很急，都来不及细看。
导购员	希望您今天不要太急了，我们好好看一下吧！ ［说一些轻松的话，制造良好的沟通气氛］
顾客	什么价？［顾客首先问到价格，他或许是以价格为导向。因此，导购员要注意三点：一是摸清顾客的预算，二是塑造产品的价值，三是引导顾客的消费观念］
导购员	5900元。黄先生，这么有档次的产品您一定很喜欢，是吧？ ［对这种以价格为导向的顾客，不要刻意避开谈价格。另外，为了摸清顾客的预算，马上问对方一个问题，而不要纠缠在产品的价格上面］
顾客	喜是喜欢，就是太贵了。 ［现在明白顾客对这款产品认可，就是认为有点贵。但是，他说太贵或许只是为了讨价还价］
导购员	您说喜欢这款产品，主要是喜欢它的哪几方面呢？ ［不要谈价格，继续发问了解顾客的购买理由，以便后面更有效地说服对方］

顾客	这颜色正好可以搭配我的沙发，另外产品看起来很大方，客厅的东西就要像个样，是吧！ [顾客的动机被了解得清清楚楚。因此，问话的技巧非常重要]
导购员	那当然，经常有客人到家，当然要让客人看到最有档次的家具！黄先生，您的沙发是什么时候买的呢？
顾客	去年年底买的，花了我上万。 [顾客的回答正中下怀，导购员知道了这位顾客的消费水平比较高，刚才说价格太高只是口头禅而已]
导购员	哇！就是说嘛，高层人士就要买高级产品嘛！
顾客	[开始仔细看产品的细节]
导购员	这产品的主要材料是…… [导购员发现顾客正在关注产品的做工，所以马上告诉顾客产品的材料、工艺、技术等方面的独特优势] 黄先生，从您看家具的样子，就可以看出您很懂家具！
顾客	了解一点而已，我看这件产品的质量还不错。不过好像有一点油漆味！
导购员	这件产品前天刚打开外包装，您都这么专业，当然您也知道再好的家具刚生产出来都会有一点点油漆味，您放心，过几天就完全没有味了。 [打消顾客的顾虑]
顾客	我看有些牌子就没有这种气味。

导购员	没有气味的产品一定是开包装很长时间了，您可以看看后边的这种产品，它一点气味也没有。何况，我们的产品都有最新、最齐全的国家环保证书。 [继续打消顾客的顾虑]
顾客	这柜多长？ [对产品是否环保的顾虑已基本解除]
导购员	长度是 2.3 米，高 2.1 米，大小适合吗？
顾客	大小可以，我看楼上有一家店，那个厅柜看起来和你们的基本一样，但比你们少了差不多 1000 块。 [预计这是顾客最后一个反对意见了，他对产品的其他方面没有什么问题]
导购员	黄先生，像您这种成功人士就要用高品质的产品，对吗？
顾客	我看你们的产品都差不多。
导购员	您这么专业，您也知道家具有时候无法从外表来判断它的品质，这个品牌在行业里的影响力和口碑都是备受认可的，产品质量和售后服务都是追求完美，像这些方面不是随便找一个品牌或厂家就能比的，是吧！ [让顾客明白这种产品与那个价格低的产品是不一样的]
顾客	这个很难讲。[现在顾客心里面或许已经承认了]
导购员	作为家具这种产品，您一用可能就是十几年，多投资一点买个安心，买一份健康和幸福，我想您这么明智的人，一定明白这个道理，您说呢？ [导购员在这里运用了赞美和优势比较等方法]

10 分钟后，黄先生做出了订购这组厅柜的决定。

你发现了没有，这位导购员之所以能够说服这位顾客，是因为她并没有只告诉顾客自己所知道的、自己想要说的或者是自己会说的，她始终关注着顾客心里在想什么、在做什么。除了这些之外，这位导购员还懂得以积极的心态，运用赞美、表达同理心、创造融洽的气氛等方法来建立良好的信赖感。

聪明的你学会了吗?

自我检讨

20 出售产品 出售产品对顾客的好处

在一次导购员训练中，我提出一个问题：你们卖给顾客的是什么？她们异口同声地回答：家具。

正因为你卖的是家具，顾客往往不接受你。

因为，顾客真正想要购买的，是拥有这些家具后，所能摆脱的痛苦和能够体验到的快乐。这是关键点。对于这一点，有时候顾客自己都不知道，但它却始终客观存在。导购员要学会触摸顾客的这个关键点，只有它才可以帮你拨动顾客的心弦。

很高兴你能够看到这本书，更高兴你能够阅读到这一页。在这里以及后面的章节中，你一定能够学到更多神奇的方法。

一次我去超市购买一台传真机，导购员过来问我：“先生，您想要什么品牌的?”我开玩笑说：“除了没有传真功能的都可以考虑。”传真机当然要有传真功能啦！她又问：“您想要什么价位的呢?”我说：“在1000元左右的就好。”于是她就介绍了一台“三星”的，价格是1090

元。我看了一下造型很美观，价格也不贵，而这个品牌我也还信任，准备购买。

可是，当时我还是少了一种立刻买单的冲动，想要再到旁边的电器城看看是否有更合适的。我去了电器城后，发现了一台与目标产品相近的传真机，再仔细一看与我在那家超市里看的一模一样，只是价格高了10元钱，现在售价1100元。

这时电器城的导购员走过来，用非常专业的知识向我介绍这款产品。她了解到我想买传真机后，首先问了我一个问题："先生，您需不需要用到打印功能呢?"我本打算过一段时间买打印机，于是我就说："比较少用。"她说："就是说您偶尔还是会用到的，是吧?"我说："是的。"她说："这款是一体机，既可以当传真机用，也可以当打印机用。你现在买下它，以后就不用另外花钱了。"我点头认可。她又说："这部传真机是用A4纸接收传真，文字不会褪色，你就不需要再把传真件拿去另外复印保存了。"我考虑了一下，说："这样不错，就要它吧。"

各位朋友，如果我在前面那家超市时，那位导购员也用这样的方法向我介绍产品，我当时就会买下来。正因为她没对我说出这件产品能为我带来哪些好处，致使我当时缺少一种购买的冲动而没有掏钱。结果是我非常情愿地多花了10元钱买了另一家一模一样的产品，原因正是那位导购员的销售说辞打动了我的心弦。

在家具商场里，每天都在发生着类似的事情。它也曾发生在你的身上，对吧！必须记住的是，顾客真正要买的绝不仅仅是产品的本身，而是产品到底能为他带来什么样的好处。也就是说产品能为他带来什么样的方便和快乐，能为他减少什么样的麻烦和痛苦。

销售失败的原因

☞ 误以为顾客买的是产品本身，只需要懂得产品的风格、材质、结构和功能等方面的知识就够了；

☞ 不懂得体会和洞察顾客选择家具的“购买价值观”，也就是说顾客要购买这种产品的深层理由。

销售冠军的策略

☞ 写出各种产品的主要特点，尤其是竞争对手不具备的特点，以及这些特点能够为顾客带来的好处；

☞ 把写出来的产品特点和好处用流畅的语言讲给顾客听；

☞ 把竞争对手的导购员不会说的“好处”说给顾客听，或者把竞争对手会说的“好处”说得更好，顾客会真的认为你的产品更胜一筹；

☞ 学会发现顾客购买产品的价值观，并利用顾客购买价值观；

购买价值观，是指顾客本人所认为的这一产品对他的价值。同样的产品，它的价值在不同人的感觉中是不同的，因为每个人所认为的产品价值不一样。例如，都选同一款手机，一个人认为这款手机可以让他与朋友联系方便，而另一个人认为这款手机可以体现出他的身份或地位。

☞ 利用前文介绍到的痛苦加大法和快乐加大法；

☞ 让顾客认为不买你的产品是他最大的损失。

实例解读：

这位顾客是一位老师，他对藤制家具非常喜欢。这位老师不搬新房，只是想把用了很久的老式家具换掉，已到店里看过好几次，但就是下不了决心。分析原因，本城市销售藤制家具的专卖店并不多，况且顾客对这里的产品非常满意，应该不是竞争对手的原因导致他不采取行动。从这位老师的谈话中来分析，经济上也不会有问题。导购员想不通，到底为什么这位老师还不采取行动下单购买？

这是一位导购员在我的训练课上提出来的问题。我问她这位老师还会再来看家具吗？她说一定会来的。于是，我告诉了这位导购员下面的方法：

顾客	[再次来到专卖店，看着那套他看过多次的产品]
导购员	丁老师您好！最近还好吗？ [充满活力与热情，把自己当成是这位老师的学生]
顾客	好啊，你看我又来了！
导购员	我就等着您来哪，您是老师，好向您学习嘛！请坐，我为您倒杯水！ [坐下来之后，与顾客闲聊的过程中说服顾客]
顾客	好，谢谢！咦，好像这套家具涨价了？
导购员	是啊，如果您上次把这套家具买下来，就可以省下 2000 多块，我可是为您感到遗憾！
顾客	我也感到可惜。这段时间这个价格还会降下来吧？ [顾客依然想要购买这套家具]

导购员	这个很难说。我们公司的产品长期以来一直受到市场的欢迎，降价的可能性比较小。这样吧，我们都这么熟悉了，我找一下老板为您争取一个好价格，您就今天把它定下来怎么样？ [尝试用价格促进成交]
顾客	你能帮我争取一个好价格倒是好事情，不过现在我还是不想定。等过段时间再说吧。 [顾客依然下不了决心]
导购员	丁老师，你家里都有哪几个人呢？
顾客	我太太，还有两个小孩。
导购员	两个小孩，多幸福的一个家庭啊！您太太做什么工作？
顾客	她在一家贸易公司做财务。
导购员	你孩子还小吧？
顾客	是啊，小的才五岁。
导购员	丁老师，我想向您请教一个问题，您认为对孩子来说是健康重要还是成长重要？
顾客	这个，简直是一个比一个重要。
导购员	那么，任何一个做父母的，都愿意为孩子的健康和成长做任何事，您认为呢？
顾客	这是肯定的。
导购员	其实，家居环境可以影响到一个家庭的幸福，可以影响到孩子的健康和成长，您会不会也这样想？
顾客	你是说哪方面的环境？

导购员	比如说家具，使用符合家人个性的家具，或者是换一套新的家具，都会让家人过得更开心，对吗？心情好做什么事都能做得更好，这就会直接或间接地影响到您的家庭。
顾客	有这个道理吧！
导购员	很冒昧地问一下，您太太内心是不是也希望使用更好的新家具，从而让全家人过得更好呢？ [停顿。也许她并没说出口，但是会这样想] 但是我敢说很多家庭都愿意把钱花在能让家人过得更幸福的事情上，您说对不对？
顾客	这当然对。
导购员	如果家人所期待的好生活长时间实现不了的话，必定会造成一些抱怨或怀疑，长久下去，可能会有一些不愉快的事情发生。就是说，一个本来可以更幸福的家庭，因为平时不注重改变家庭环境，久而久之，造成家庭不幸福、家人不快乐，对吗？ [加大顾客不行动的痛苦]
顾客	这种可能性还是有的。
导购员	对于孩子来说，好的居住环境一定可以增加他们的自信心，可以让他们生活得更乐观，这对他们的一生是最重要的，对不对？ [加大顾客拥有产品后的快乐]
顾客	没错。

导购员	反过来说，如果孩子每天回家看到环境都是一成不变，就会让他们失去很多活力，对生活的热情会减少，自信心也会受到打击。 [加大顾客不行动的痛苦]
顾客	嗯！
导购员	就是说，一些我们平时认为无所谓的事，会自然地影响到孩子一生的命运。 [继续加大顾客不行动的痛苦]
顾客	一般人都不会想到这些，我也从没分析过。
导购员	是吗？那么丁老师，您认为我说的这些有没有道理？[停顿] 会不会对您和您的家人有帮助呢？
顾客	当然有，和你聊这个很有意思！
导购员	丁老师啊，只是听这些对您并没有帮助，只有您行动才会改变您家庭的幸福和孩子的健康成长，对不对？
顾客	那就是说，把新家具搬回家？哈哈！
导购员	哪里敢要您亲自来搬，我为您送去！丁老师，说真的，我向老板申请，按原来的价给您怎么样？
顾客	[顾客考虑了一阵子] 好吧，谢谢你啊！ [让顾客掏钱还说"谢谢"的导购员才最厉害]

也许，现在你已经很兴奋，很想为某一位大脑麻木的顾客洗洗脑了，对吗？或者你也会为自己以前所失去的机会而叹息，对吗？没关系，从现在开始，把这种技巧熟练掌握，然后去享受顾客给你钱又说"谢谢"的满足感吧！

自我检讨

21 受顾客情绪的影响 用好心情感染顾客

当顾客表情严肃地来到你的店里时，你是否会感觉到一种紧张的气氛？同时你是否也会以同样的表情面对顾客？每个人都会遇到类似的情景，比如当你情绪不好的时候到外面买东西或是用餐，你会觉得服务人员的情绪也不好；当你表现出不耐烦时，服务人员也害怕与你靠近。这是一种情绪感染的现象。

有一次我为导购人员做训练时，一个学员问道：“每当我遇到那种看起来特别凶的顾客时，我都不敢主动问他问题，说话也非常紧张，我该如何做呢？”

我反问这位学员：“如果你心情不好时，正好来了一个非常有活力，面带笑容，很开朗的顾客，你会怎么样？”

她说：“我会愿意为他服务。”

我问：“这时你的心情还是和以前一样不好吗？”

她说：“嗯，应该不会了！”

我问："为什么呢？"

她说："可能是受到了顾客情绪的感染吧！"

我问："假如从门口进来的顾客是心情不好的你，突然有一位阳光般灿烂又很有活力的导购员接待你，你会是什么心情？"

很多导购员在面对心情不好或是看起来很严肃的顾客时，马上也会表现得很紧张，让顾客看到的表情也同样愁眉苦脸。顾客本来就心情不好，看到你也是这个样子，他会感到更加难过。这时他还会对你敞开胸怀吗？你能够很容易说服对方购买你的产品吗？

如果在顾客心情很不好时，见到阳光般灿烂的你，结果就不大一样，对吗？

销售失败的原因

☞ 情绪控制能力不强，容易受到他人的影响；

☞ 误以为顾客神情严厉就容易发脾气；

☞ 不习惯用好心情感染对方。

让你的顾客开心起来是对自己负责任，对顾客负责任，也是对公司负责任。方法一定是有的，就看你是否愿意学习并运用。不过，我在这里真诚地建议你，一定要学会这些技巧。因为，它不仅仅让你在工作中可以赢得更多顾客、争取更多的销售机会，当你和家人或朋友在一起的时候，这些技巧同样会带给你更多的开心和幸福。

销售冠军的策略

☞ 保持微笑与活力，这样可以融化任何冰冷的冻土。

☞ 在接待顾客的时候，有意识地培养自己良好的情绪控制能力，不要受到顾客表情和态度的影响，并且用自己的热情和诚恳去感染顾客的心情。

☞ 可以向对方说："冒昧问一下，您今天看起来心情不太好?"也可以告诉顾客："如果您拿我当朋友的话，我就告诉您一件事!"顾客会问什么事，你就充满活力地对他说："心情好，一切都美好!"

☞ 注意语气和语言，不要让顾客生气。

实例解读：

顾客	[神情严肃地进入专卖店]
导购员	您好！欢迎您！[面带微笑，充满活力的声音]
顾客	[看了导购员一眼，不说话，没有表情]
导购员	先生，我可以帮助您吗?[笑容灿烂，声音亲切]
顾客	我看看。[顾客看着一款床，停下了脚步，表情依然严肃]
导购员	先生，怎么称呼您呢?[微笑，活力，真诚]
顾客	这床多少钱?[顾客心怀打不开，刻意保持距离]
导购员	您的运气真好，现在是特价，比以前便宜了1000元左右呢! [故意吊顾客的胃口，先不告诉他真实的价格。说话时保持快乐而又有活力的状态]

顾客	现价多少？[顾客有点心动了]
导购员	您听了之后，一定会笑出来！信不信？［停顿］现价 880 元！
顾客	[开始面带微笑了。不是因为产品的低价格，而是因为你这个非常讨人喜欢的导购员。后面的沟通就比较容易了，对吗]

自我检讨

\- -

\- -

\- -

\- -

\- -

\- -

\- -

\- -

22 不准备销售说辞 不断完善销售说辞

在打仗的时候，如果敌人有武器而你没有，会有什么结果？在家具卖场的终端战中，你的武器就是极具“杀伤力”的销售说辞，你要占领的阵地是顾客的大脑，你要获取的战利品是顾客对你本人和产品的信赖。

我在全国很多城市的家具卖场调查中发现，很多导购员向顾客介绍产品时说话没有重点、思路不清晰、讲话没条理、难以击中顾客的关键处，导致顾客对产品没有信心，导购员最终失去销售机会。试想一下，如果竞争对手在这一方面做得很好，或是比你好那么一点的话，顾客是对你更有信心，还是对竞争对手更有信心？

请看一个实例：

顾客对一款 5 件套家具比较感兴趣，问导购员：“这一整套多少钱？”导购员说：“这一套原价 16900 元，现在搞活动，特价是 6900

元。”顾客算了一算说：“楼上的产品和你们一样，也是特价，一套才6000来块，可以打折吗?”导购员有点不自信了，说：“对不起，特价产品是不可以打折的。您说我们的产品贵，因为品牌不同，档次也不同嘛!”

顾客又问：“你们是什么品牌?”导购员说：“我们是××家具。”顾客问：“这个产品是哪里产的?”导购员说：“是广东产的。”顾客说：“楼上也是广东产的，产品看起来也一模一样，我看不会比你们的差，可是你们就要贵好几百。”顾客准备离开了，导购员无奈地说了声：“您慢走!”

严格来说，这名导购员对自己的产品及企业不是很了解，导致在面对顾客的不同意见时不知道如何应对。本来这样的特价产品是非常有竞争力的，但因为导购员准备工作做得不充分，不具备有力的销售说辞来说服顾客，导致失去成交机会。另一方面，导购员主动意识不强，从始至终都被顾客牵着鼻子走。如果导购员有丰富的专业知识和熟练的销售说辞，结果一定是不同的。

销售冠军的策略

☞ 总结出产品和品牌的5点独特优势，并把它们整理为简单直接的销售语句，把它们熟记。

☞ 永远记住：顾客提问就是你的机会，事先把顾客可能会问到的问题列出来，并写出最佳答案。

☞ 每接待一位顾客后，都要对销售说辞进行修改和完善，保障在面对下一名顾客时，你的语言更有针对性。

实例解读：

顾客	你们是什么品牌？
导购员	这是中国最具影响力的品牌之一，××品牌。您一定知道，是吗？ [普通导购员会直接回答：××品牌]
顾客	是哪里产的？
导购员	国内生产规模最大的企业之一，××公司，在深圳。 [普通导购员会直接回答：××省]
顾客	你们的产品环保吗？
导购员	这是非常有实力的企业生产的产品，绝对环保，你看这里有最新的证书。 [普通导购员会回答：是环保的]
顾客	你们的售后服务怎么样？
导购员	之所以我们的销售量排在全国最前列，主要就是因为我们出色的售后服务。 [普通导购员会回答：售后服务您放心，一定没有问题]
顾客	产品怎么这么贵？
导购员	只有最好的品质才能卖最贵的价钱，您说是吗？正因为它很贵，它又是很便宜的（买对一套产品好过买错三套产品），如果您少花一点钱买到品质不好的产品，最终反而投入更多，您认为呢？ [普通导购员会回答：这个价很便宜啊]

请注意，以上销售说辞并非适用于每一个家具企业，导购员在使用过程中注意根据自己的实际情况进行调整。另外，抱着诚实的态度推销产品，才能取得长久的成功。

自我检讨

\- -

\- -

\- -

\- -

\- -

\- -

\- -

\- -

23 守株待兔，自然销售

设定一个目标，并尽力达成

很多导购人员每天重复着相同的工作：在店里等待顾客的光临，顾客来了之后就为他介绍产品，顾客喜欢产品的话，就为他开单订货。这样会有什么样的结果？答案就是：永远不能达成目标。

什么叫“导购”？就是引导顾客购买。如果不能主动引导顾客购买产品，导购人员就失去了应有的价值。通常情况下，导购员因为没有设立一个团队目标或是个人销售目标，因为没有做或是不知道如何做相关的准备工作，另外，也因为没有积极的心态和正确的方法，自然销售的现象便形成了。

达成一个特定的销售目标有许多的方法，最重要的是要根据自身情况，把各种方法进行组合运用。下面给你提供几点最基本也是最重要的方法。

销售冠军的策略

☞ 设定并分解目标。

先设定月度目标，然后把月度目标分解到每个星期。把每个星期的目标明确化，并把此目标分解到每一天。在为一个专卖店设定目标时，一定要让专卖店所有人员参与进来，而不是由店长或是经销商自己一个人说了算。目标不可设得太高，也不可太低，应当让导购人员感觉到这样的目标有一定的挑战，但又有可能完成。

☞ 全体人员为达成当天的目标而全力以赴。

完成一天的目标，从早会开始，通过早会把当天的目标宣布，并做到互相提醒、互相鼓励、互相监督。

☞ 要完成目标，导购人员需随时做好准备工作。

做好准备包括身体准备、心理准备和专业知识准备。为什么要强调做好准备工作呢？假如，你在店里待了一个上午，没有接待一位顾客，这时你开始变得很随意，甚至开始打瞌睡了。当突然有一位顾客进来时，你就很难有好的精神状态来面对顾客。做好准备就是，随时保持积极的工作状态，并把惰性拒之门外。

☞ 把每一位顾客当做是今天的最后一位顾客。

通常情况下，来到专卖店看家具的顾客是比较少的。要想完成销售目标，就要抓住每一次顾客进店的机会。保持激情与活力，不断提高和完善自己的销售技巧，这样才能把握每一次机会。记住，今天来到店里的第一位顾客也许就是今天店里的最后一位顾客。

自我检讨

24 仅仅销售功能性利益 塑造产品的感性价值

还记得前面讲到的在电器城销售传真机的导购员是怎样成功地卖出传真机的吗？她在不断地告诉我，传真机的某种功能为我带来了某种好处，当我的需求与她告诉我的好处完全吻合时，她的推销就成功了。

但是，对于放在办公室里的传真机来说，顾客最看重的是品质稳定、功能齐全、售后服务良好，就是说只要产品能满足消费者的功能性需求就好了。而对于家具这种产品，除了功能性利益之外，它还是一种家居艺术，是一种美学体验，它反映了主人的一种生活方式和个性品位，这就是所说的感性价值，它在无声无息之间满足了消费者的情感利益。

因此导购员在销售过程中，就应当巧妙地引导顾客，让顾客展开他的想象力，去体会那种美学和艺术，去感受那种他想拥有的生活方式。可能很多导购员不知道怎样去做，或是感觉到很不习惯，但是你必须学会这一点，因为只有这样做，你才能成为一名销售高手，才能增加你的收入，获得更好的销售业绩。

销售冠军的策略

☞ 首先了解对方想要拥有什么样的“家庭空间氛围”。

除了通过提问，好像没有其他更好的方式能够让导购员了解顾客理想的“家庭空间氛围”是怎么样的了。提一些开放性的问题，比如“某某小姐，您理想的家居环境是怎样的呢”“某某小姐，您说您比较喜欢时尚的风格，它具体是什么样子的呢”等问题可以达到很好的效果。

☞ 把顾客希望的“家庭空间氛围”和产品结合起来。

可以告诉顾客：“某某先生，您说您热衷于传统文化，像这种产品就完全可以把那种小桥流水的明清风韵体现出来。您看，在家里摆上这些家具之后，再配之以梅兰竹菊、琴棋书画作为饰品或背景，那是不是一种很清雅的感觉?”

实例解读：

顾客	这种产品看起来很漂亮！ [顾客很喜欢欧式新古典风格，已经是第二次来看产品了]
导购员	对，很多人都认为这种产品的外观很漂亮！先生，请问一下您为什么喜欢这种风格呢? [了解顾客需求的同时，了解顾客大脑中理想的“家庭空间氛围”]

顾客	这套家具摆在家里看起来大气，很华丽！
导购员	有人认为这种产品可以把家里布置得像宫廷一样，您是不是也这样认为？ [了解顾客能否接受这种家庭氛围]
顾客	就是嘛，看起来很像电视中看到的那种感觉。
导购员	您最理想的家居氛围是不是您说的那样的呢？ [判断顾客的想法]
顾客	对，喜欢那种氛围，就是你的家具太贵了。
导购员	您是否愿意花更少的钱去买一套中式家具呢？ [再次判断顾客的想法]
顾客	如果价格合适的话，我还是想选这种。
导购员	先生，如果您今天能订货，我可以给您打到八五折。要不要马上确认下来？ [以价格促进成交]
顾客	八五折太少了，你就给我打七折吧！
导购员	先生，我知道您是一个很懂生活的人，不然您也不会来看这种好家具，对吧！
顾客	你们的利润那么高，多打点折也没什么问题，是吧？
导购员	您想想，在您的新房子里放一整套这种华丽又大气的家具，并且用一种欧式风格的灯饰来装点您的房间，这种感觉就好像在电视中所看到的，有一种特别温馨和浪漫的感觉，对吧！[停顿] 您和您的家人生活在这种氛围里面，一定是非常开心和舒适的，对吗？ [向顾客描绘一种感性价值，让顾客先体验那种自己很想拥有的感觉]

顾客	倒是不错！
导购员	如果家里来了客人，当他们看到这种高贵、华丽的家具时，一定都会很羡慕您，因为这种家具不是人人都能够享受到的，对吧！ [塑造产品的感性价值]
顾客	用这种家具的人不太多。
导购员	对啊，您看，这种家具是不是能够为您和您的家人带来很多的美好享受呢？
顾客	嗯！[顾客认可]
导购员	能够为您和您的家人带来这么多的好处，与这一点点差价相比就非常值得了，对吗？

自我检讨

- -

- -

- -

- -

- -

- -

- -

- -

25 只说不问 攻心说服的提问法

你是否已经发现，问号在这本书中会经常出现？在各个实例中，导购员也都经常使用提问的方式与顾客沟通，对吗？说服顾客购买产品最有效的方法就是提问。说服力就是提问的能力，推销就是问对问题。通过提问可以了解顾客的想法、启发顾客的观念、改变顾客的行为。

我观察研究过几百名导购人员，90%以上的导购员都习惯于向顾客说，而不习惯于向顾客提问。提问的力量是巨大的，向顾客说10分钟，也许还不如向顾客提一个问题更有帮助。

你碰到过这样的难题吗？在你已经为顾客介绍了产品的材质、功能、价格、结构、企业和售后服务等等情况之后，发现自己会说的话已经全都说完，下面都不知道说什么了。可是，顾客还是没开口，继续专注于面前的产品。你是否还要把刚才讲过的话再重复一遍呢？即使你说了这么多，你是否知道了顾客到底在打什么算盘？你是否使用这种方式，经常轻松地卖出了很多产品？不太可能吧。如果你改变一种方式，向对方提出问题，结果一定不一样。

提问也是用来判断对方是否为目标顾客的最好方法，擅长使用这种方法的导购员，最懂得如何轻松而又有效地工作。举例：顾客进店后，对一套沙发很关注。导购员上前，对这位顾客说："您好，想看看这款沙发吗?"顾客不出声。面对这种顾客，导购员觉得有一些不自然，于是便开始向顾客介绍产品的材料、结构和做工："这套沙发是……"顾客偶尔点点头，但还是不开口。这时，导购员又开始向这位顾客介绍生产厂家以及售后服务等其他方面："这个厂家是……售后服务……"顾客的反应还是和刚才一样，又多看了几眼家具之后，顾客便转身出门了。

直至最后，这位导购员依然搞不清楚这位顾客到底想做什么，也不知道自己说的话有没有被对方听进去。毫无疑问，这是一次非常失败的顾客接待。失败的原因就在于没有向对方提问。如果这位导购员换一种方法，用充满活力的语气向顾客提一些问题，比如"您是第一次还是第二次来看产品""您觉得这款沙发怎么样呢""您喜欢这种沙发吗""您理想的沙发是什么样子的呢"等等，一定会有更好的效果。

提问能力是导购人员最基本的技能，也是最重要的技能。提问能力决定了销售能力。你想拥有提问的能力吗？以下方法和技巧一定可以帮助你。

销售冠军的策略

☞ 问简单的问题。

如果你问对方 1 + 1 等于几，他会马上给出答复。如果你问 826 × 372 等于几，有谁能够立刻回答你？记住，永远要问对方可以理解、可以轻松回答的问题，要问对卖产品有帮助的问题。比如："健康对家人很重要，对吗？""您认为这套沙发哪些方面比较好？""您认为功能和价格哪个更重要？"

☞ 问对方说"YES"的问题。

也许你认为这点很简单，但是我敢说你并没有重视这一技巧。你认为下面哪一种提问方式比较好呢？

"买一套家具一用就是十几年，对吗？""您小孩的成长非常重要，是吗？""真正的好产品，价格一定比质量差的产品贵，对吗？"

"您想要什么？""您今天买吗？""我们的产品很优惠，对吗？""我们的品牌比 × × 品牌更有知名度，对吗？"

☞ 问二选一的问题。

问这种问题有一个前提，就是说顾客无论选择哪一个答案，对你都是有好处的。比如："您认为健康重要还是幸福重要？""您最重视品质还是重视产品风格？""您是刷卡还是付现金？""是要双人位还是三人位？""是今天订还是明天订？"

☞ 问开放式问题。

开放式的问题最大的好处是能够让你充分了解顾客的需求。经常使用的开放式问题是带有"怎么样""什么""为什么"等词汇的问题。

☞ 解释完顾客的疑问后，再问对方一个问题。

这样做可以掌握主动，能够引导顾客的思维。比如顾客问："你们的产品打几折？"当你回答完"我们是明码实价"后，应当马上问对方一个问题："折扣并不能衡量产品是否真正便宜，对吗？""产品的质量和品牌知名度才是衡量价格的标准，对吗？”“您想要了解什么产品呢？”

实例解读：

导购员	您好！我可以帮到您吗？
顾客	我想看一下餐桌。 [说明顾客是有意向购买产品的，现在不需要再判断他是否为目标顾客，只需要通过提问，了解他到底需要或想要什么样的餐桌]
导购员	我们这里一共有十几种不同规格的餐桌，有板式的，有大理石的，也有玻璃的，您比较喜欢哪一种呢？
顾客	[不说话]
导购员	先生，怎么称呼您呢？我姓林。
顾客	我们一样，我也姓林。
导购员	这么巧，500 年前是一家啊！[拉近与顾客的心理距离] 林先生，选择什么样的餐桌与您家有多少人有很大的关系，请问您家有几个人？
顾客	4 个人。
导购员	4 个人的话，餐桌不需要太大，是吧？
顾客	也不想要太小的餐桌，因为经常会有亲戚朋友来家里吃饭，再说我房子大，有的是地方。 [从顾客说话可以看出，导购员已经与顾客在心理上接近了，并初步建立了信赖感]

导购员	对，还是选大点的餐桌比较方便。林先生，我们有 3 种台面的，您看看，觉得哪一种更适合您呢？
顾客	我不要木头的，看起来太普通了。
导购员	对啊，相比另外两种，木面的看起来要普通一点。像您这种成功人士，就要选一张最有档次的，对不对？
顾客	无所谓，用起来好就行！
导购员	林先生，我们先看看这个吧，您了解大理石材料吗？
顾客	我太了解大理石了，我以前就在大理石厂上班。
导购员	太好了，我今天可遇到专家了！那您喜不喜欢大理石的餐桌呢？
顾客	我个人不太喜欢，因为它看起来太笨重，而且移动起来很不方便。
导购员	它是重了一点。我们这里有 5 款玻璃台面的餐桌，其中有 3 款很畅销，要不您看看玻璃台面的餐桌吧！
顾客	好。
导购员	您是很专业的，请问您认为购买一张餐桌哪几方面最为重要？[了解顾客具体的需求]
顾客	外观和质量都重要吧。
导购员	质量和外观，知道了，那您是想要看起来结实一点的还是比较轻盈一点的？
顾客	我不喜欢看起来很笨重的，轻巧一点的比较好。
导购员	是不是因为考虑到美观的因素？ [了解顾客为什么喜欢轻盈的餐桌]
顾客	对，我家里其他家具看起来也是比较轻巧的那种。

导购员	您考虑得真周到，这样是对的，看起来比较配套嘛！如果有这样一款产品，而且价格也合理的话，您是不是马上订货呢？［了解顾客］
顾客	如果有合适的，我今天就想订，一张餐桌而已，也不想再跑来跑去了。
导购员	那么我向您推荐一款最近比较畅销的产品，您过来看看，这张餐桌看起来很轻盈时尚，不知您有没有经常看电视，电视节目里面经常可以看到这种造型的餐桌。
顾客	嗯！［顾客仔细地看这款餐桌］
导购员	这是用最高级的钢化玻璃做成的台面，特别美观，不易碎，耐磨，这样就不会让您在吃饭的时候，看见餐桌台面乱乱的，对不对？
顾客	嗯！多少钱？ ［顾客在看价格牌，开始对这款产品有点意向了］
导购员	我们的产品价格都很实在。林先生，您看看，您家里的其他家具也是这种风格，对吗？
顾客	风格是差不多的。
导购员	那您就看对产品了，您的客厅、卧房和餐厅的家具风格应当一致，这样看起来很协调！
顾客	可以打几折？ ［再次提到价格，有购买意向的表现］
导购员	这款餐桌是2700块。林先生，我想向您请教一个问题，您认为买家具应不应该选知名度高的品牌？
顾客	谁都想买好品牌，但是价格要合理才行。 ［证明顾客对价格比较敏感］

导购员	当然要价格合理。不知道您是不是了解我们的品牌，它在业内有很好的口碑，品质和售后服务也一直受到认可，我想，无论是谁，买这样的产品才会放心，对吗?
顾客	这些是很重要。
导购员	这款餐桌现在非常畅销，我建议您现在就确定下来，因为现在仓库里还有现货。
顾客	[正在考虑是否订货]
导购员	这么好的产品，这么有名的品牌，您现在又这么喜欢这张餐桌，林先生，您是想付现款还是刷卡呢?

自我检讨

_ _

_ _

_ _

_ _

_ _

_ _

_ _

_ _

26 不懂利用顾客见证
利用顾客见证的力量

顾客见证，就是利用已成交顾客（见证顾客）购买产品的事实，来说服有意向购买产品的新顾客。在FABE销售模式中，最后一个字母E（Evidence）就是指“证明、证实、证据”。完整的FABE模式，就是导购人员说服顾客的四大步骤——首先告诉顾客产品的特性（Feature），再说出产品有哪些独特的优势（Advantage），然后让顾客看到这种产品对他的利益或好处（Benefit），并使用顾客见证（Evidence）说服对方。

经验证明，顾客见证的力量是巨大的。假如你告诉顾客，本市的市委书记前天刚刚来这里订购了同样的产品，他一定会认为这里的产品质量好、有档次，对吗？当然，胡乱编造顾客见证是难以让你持续赢得销售的。

买电脑的故事：那家电脑城规模庞大，两层楼里几乎可以看到所有电脑品牌的专卖店。为了选择一台电脑，我几乎看过了每一家品牌店，但仍然难以下定决心，因为害怕自己购买的电脑不是最好的。后来走到了联想专卖店，看过它的产品之后，也没有发现什么独特的地方。但是，我很快从这家店里购买了一台电脑。原因很简单，只是因为那位小姐说了一句话："前几天市政府在我们这里采购了100台电脑。"

尽管顾客见证的方法非常有效，可是太多导购人员不习惯或是不懂得如何使用，无可否认这是一种资源浪费。想掌握这种方法吗？请学习如下技巧。

销售冠军的策略

☞ 把一些大客户和大人物名单记下来，最好做成一个专门的《顾客见证记录册》，在里面记下有助于说服顾客的详细资料。

☞ 准备一些相关证明资料（销售单、媒体评论等）。

☞ 与几位老顾客建立良好的关系，必要时让意向顾客自己打电话向见证顾客了解情况。

☞ 对顾客说："您不相信我，但一定会相信我的客户对吧！我可以给您电话，您自己问问好吗?"

☞ 不仅告诉顾客谁在这里买过产品，还要说明他为什么要买。

☞ 把见证顾客的需求和意向顾客的需求结合起来。

☞ 运用"您认为……吗""您知道……吗"等问句，让顾客参与对见证顾客的讨论。

实例解读：

顾客	你这产品与其他店的产品也没太大的差别，如果价格下不来，我还是考虑买人家的。 [顾客认为花更多钱买这种产品不值得，这时导购人员就要给顾客一个购买的理由，让顾客相信多花点钱其实是非常值得的]
导购员	先生，您知不知道市工商局副局长为什么只选我们的产品吗？ [利用提问的方式使用顾客见证可以抓住顾客的注意力，可以让顾客参与进来]
顾客	副局长？[顾客的兴趣被调动起来]
导购员	对啊！副局长就是看中我们产品的档次和品质，他知道我们这种大品牌的产品在选材和做工方面都是非常严格的，而且也只有这种知名的品牌才能符合他的身份，服务保障方面才能真正让他放心。我可以给您看看副局长的订货合同。[停顿] 先生，您也知道，仅仅从外表上是不能准确判断产品的品质和档次的，对吗？ [通过有力的销售说辞告诉对方，见证顾客为什么购买的理由]
顾客	嗯！[顾客开始认可]
导购员	其实您家的装修风格和这位副局长的差不多，而且您也是成功人士，副局长认为好的东西，您也会有相同的看法，对吗？ [在这里把意向顾客和见证顾客的需求结合起来了，同时导购员还运用了预先框式和赞美的技巧]

自我检讨

JIAJU YINGXIAO

第4部分

家具销售十大步骤

其实，一个完整的销售过程是由多个环节和步骤组成的，顾客在每一环节所表现的行为和心理特征是不一样的。导购员掌握了这一点后，就可以更加深入地了解顾客，知道顾客什么时候在想什么，也知道自己在什么样的阶段该说什么样的话，因此就容易掌握主动，控制大局。

27 神奇的感觉

销售家具的第一步骤——做好销售前的准备

随时做好准备的导购员能够带给顾客更好的感觉，从而获得顾客更多的信赖。获得一份订单始于与顾客良好的第一次接触。第一次良好接触，除了顾客对导购人员产生良好的印象之外，还包括对店面形象、产品形象等方面的综合感觉。如果在开始的三分钟没能让顾客产生良好的感觉，将会影响到信赖感的建立。顾客对你本人或产品不信赖，成交的机会就微乎其微了。

因此，随时做好准备工作是建立这种感觉的关键因素。

销售冠军的策略

充分的准备

☞ 身体的准备——穿着打扮，身体健康，活力充沛。

那些化妆夸张、穿着怪异、口腔不清洁的导购员总是让顾客对她远离三尺。而没精打采、面黄肌瘦、经常病痛缠身的导购员也会打消顾客的购买信心。

☞ 精神的准备——愉快的情绪，充分的自信，卖出产品的决心。

随时保持微笑，用快乐的情绪“拥抱”顾客，没有什么比这更重要了。对自己的产品保持着一种近乎偏执的自信或信仰，并且抱着一种一定要成交的决心，是你成功销售的动力。

☞ 专业知识的准备。

把顾客经常问到的问题和你自己所能想到的问题全部罗列出来，通过各种渠道得到这些问题的最佳答案，并把它们熟记于心。

☞ 店面形象的准备——整洁，规范，氛围，工具的摆放。

店门外清扫干净了吗？价格牌是不是东倒西歪？你常常使用的计算器、笔、尺子等工具在哪里？专卖店的形象和氛围怎么样？这些都是在顾客还没到来之前你需要做好的工作，你完成了吗？

以上这4点在每个公司的《导购员培训手册》中一般都已提到，可是在这里我不得不把它们再次提出来，因为它们确实太重要了。或许你正像大多数普通导购人员一样，对这些老生常谈的话已经麻木不仁，但是我必须要让你知道，正因为你对这些基本的、看似不重要的细节不重视，才导致你的业绩总是那么一般，导致你在工作中失去很多乐趣和热情。没关系，只要你从现在开始换一种心态，认真对待每一天的工作，认真对待每一位顾客，认真对待你自己，你就可以得到完全不同的结果。

现在，你需要明白一个原则：

家具导购员面对面说服顾客购买产品所花的时间，只占总体工作时间的20%，而做准备工作所用的时间要占80%。准备工作的质量决定了产品的销量。

现在你应该明白你每天应当做些什么工作，以及做这些工作的意义在哪里了，对吗？把地板清理干净是为了卖产品，把产品擦干净是为了卖产品，把自己的精神调整好是为了卖产品，把自己的形象收拾好是为了卖产品，把所有与销售有关的知识掌握好也是为了卖产品。

你没有理由认为你只是来销售家具的，更没有理由认为所有与说服顾客购买产品无直接关系的工作都不重要，因为，你所做的每一件事，都在间接地销售产品。

销售失败的原因

我在前期走访市场的过程中，多次发现以下情景，没有什么事比这更能破坏顾客对产品的信赖感，请你铭记在心：

☞ 工作时在店里睡觉。

☞ 把鞋脱下来，把脚放在产品上，店里弥漫着不正常的气味。

☞ 当着顾客的面吃东西。

☞ 从穿着打扮判断顾客。

自我检讨

28 秘诀从这里诞生

销售家具的第二步骤——建立信赖感，并了解顾客的问题、需求和渴望

从你和顾客见第一面起，你就开始建立你们之间的信赖感了。（对于建立信赖感的重要性和建立信赖感的方法，在第2部分已经做过详细的讲述了。）在你了解顾客的问题、需求和渴望的同时，信赖感的建立也正在进行。并且，在整个销售过程中，你也是在不断地让顾客对你产生更多的信任。之所以把“建立信赖感”归纳为家具销售十大步骤的第二步骤，因为我想要提醒你，不要让顾客在第一眼见到你的时候，就对你产生怀疑或讨厌的心理。顾客不会给你第二次建立第一良好印象的机会。

推销的秘诀就是找到顾客目前的问题在哪里，他到底需要什么、渴望什么，然后再帮助他得到他所需要或想要的。只有对顾客的动机和需求正确地了解之后，你才能够把话说到顾客的心里，才能够占据主动，才能够引导顾客，并最终达成交易。

每一天你都会接待许多顾客，在一定的时间范围内，有一部分为非潜在顾客，他们根本就没打算购买你的任何产品，也不会购买竞争对手的任何产品，他们只是为了好奇或是无聊而逛家具店。因此，在你和顾客打过招呼之后，就要开始判断他的动机、探寻他的需求，你要确认出顾客来到店里的真正目的（是想要在一段时间之内拥有一套新家具，还是从没想过。如果是后者，证明这是一位非潜在顾客），并了解顾客当前的想法和渴望是什么。

判断顾客动机的思路

☞ 顾客是想了解家具并购买家具，还是好奇闲逛？假如是后者，你向他做详细的介绍就没有太大的必要；

☞ 顾客是第一次还是第几次来看产品？如果是来过几次的顾客，你需要多花些时间和精力，他们往往都是准顾客；

☞ 顾客想要什么样的产品？知道了这一点，可以进一步向他有针对性地介绍产品；

☞ 是什么原因促使顾客想要这种产品？了解顾客选择这种产品的深层原因，便可以更有力地进行导购；

☞ 顾客最看重产品的哪几方面？把自己产品的优势与顾客的关注点结合起来。

☞ 观察判断法。

观察顾客走路的速度、眼神、表情和语言。

☞ 提问探寻法。

提问是销售工作中最有力的武器，如果你能够应用自如，便可以更快更准确地了解顾客的意图。以下例句可以用来判断或了解顾客：

“您说这种产品不太适合，有哪些具体原因呢?”“您现在做不了决定，主要有哪些原因呢?”“您特别喜欢古雅的产品，为什么呢?”“为什么您认为那个厅柜比这个好呢?”“除了看我们的产品，您也看了其他的品牌，是吗?”“您认为我们的产品和D品牌相比有哪些不同之处呢?”

☞ 暗自设定一个基本目标。

设定基本目标，就是根据顾客的类型（顾客的目的或动机），告诉自己必须达成怎样的最低标准。这句话可能不好理解，只要你往下看就可以明白了。

设定基本目标一般遵循以下标准：

对闲逛好奇的顾客：告诉他品牌最大的优势并让他对品牌或产品产生深刻的印象。

对第一次来的顾客：建立信赖感，告诉他品牌最大的优势并让他对品牌或产品产生深刻的印象，明确他的需求，取得联系方式。

对来过几次的顾客：进一步建立信赖感，取得联系方式，再次强调产品的优势，进一步了解他的需求并打消疑虑，争取成交。

当然，无论对方是哪一种类型的顾客，你都可以或应该尽力说服并争取成交。要注意的是，是否达成基本目标，是考核你销售能力有没有及格的最低分数线。

实例解读：

顾客	[一位女士以轻快的脚步走进了专卖店，开始打量门口的客厅系列产品]
导购员	您好，欢迎光临！ [导购员小刘热情地向这位顾客打招呼。小刘注意到这位女士进来时走路的速度较快，而且一进门就关注客厅系列的产品，因此，她初步判断这位女士是一位准顾客，有意向在近期购买家具]
顾客	[女士没有说话，继续看着一套沙发]
导购员	您可以试着坐坐！ [导购员发现这位女士不是那种很容易放开自己和他人沟通的人，因此，先通过拉近双方的距离，再以提问的方式了解对方的需求]
顾客	这沙发什么价？ [顾客第一句话问价格，可能是比较在乎价位，同时，顾客问到价格，证明她对这种产品有意向]

导购员	这套沙发是8350块。哎，不好意思！您好像上次来过我们这里是吗？ [这个时候，小刘尽量把顾客的关注点从价格上面移开，于是通过问对方一个问题（实际上小刘知道这位顾客是第一次来这里），让对方思考其他的事情，从而不会对价格特别关注。另外，导购员要善于使用“您好像上次来过这里，是吗”这个问句，它可以让你们双方展开话题，并且顾客也容易回答]
顾客	那可能不是我，我以前没有来过！ [顾客的思想第一次与小刘进行了交流，这为后面的沟通建立了基础]
导购员	我看她和您一样有气质，不好意思，我记错了，请问怎么称呼您？您可以叫我小刘！ [现在你知道了“您好像上次来过我们这里是吗”这个问句的另一个好处了，就是在顾客回答“没有”之后，你可以马上赞美对方。小刘知道自己的赞美产生了作用，马上询问对方的称呼，并且主动告诉了这位女士自己的称呼，她知道这是让对方告诉自己称呼的最好方式。另外需要说明的是，知道顾客的称呼非常重要，不但有助于进行后面的沟通，而且也可以拉近双方的距离]
顾客	我姓冯。
导购员	姓冯！从您的气质和打扮来看，您可能是从事管理工作的，我没说错吧？ [对女性的称呼要很注意，有些人不喜欢别人称呼她小姐、太太、女士或大姐，因此你要通过了解对方的职业再选择合适的称呼。这时通过再次赞美对方，了解对方的职业]

顾客	我是做老师的。
导购员	哦，冯老师啊，难怪您给人的感觉这么好！冯老师，您之前有没有到其他地方看过家具呢? [导购员这时要注意两个重点：一是继续建立信赖感，二是了解顾客的真实需求和渴望，因此要问对自己最有利的问题。“您之前有没有到其他地方看家具呢”就是这样的一个问题，先不说自己的家具，而说其他的家具，这样顾客心里会很放松，容易告诉你真实的需求。如果这位顾客回答说没有，就证明这是第一次来家具店，对家具品牌或产品还不是很了解，导购员就要把握这个机会让顾客对自己店的产品产生深刻的印象；如果顾客去过其他的地方，就要了解对方对其他品牌或产品的看法，这样也可以更多地了解顾客]
顾客	我前天去过××家具城，那边有一个叫××的牌子我觉得还不错。 [现在已经确认这是一位准顾客，她正在选择一种最适合她的产品，现在导购员要做的就是更进一步了解对方的喜好和需求]
导购员	嗯！冯老师，来请坐吧！您说××牌子还不错，您主要是喜欢它哪几点? [这是最有效的一种了解顾客需求的方法，顾客不会有什么防备心理，因为谈论的是别人的产品。小刘请冯老师坐下来的这种方式，就更容易与对方接近。在此强调一点：你要尽最大可能地让顾客坐下来和你交谈]
顾客	我觉得那种产品颜色和设计风格很好看，而且牌子也不错。
导购员	是的，那个牌子很有名气。那么冯老师，除了您说的三点之外，还有哪些是您注重的呢? [进一步了解真实需求]

顾客	其他……我认为它质量好，只是价格方面稍稍有一点贵。 [顾客说价格有一点点贵，可以确定如果她没有找到更合适的产品，她可能会接受那个品牌]
导购员	理解，您刚才说到的颜色、风格、品牌、质量和价格，您认为这几方面哪一点最重要？
顾客	我最看重产品的质量和颜色。
导购员	看来您是一个完美主义者，对产品的内在美和外表美都看重啊！冯老师，对于质量我想请教您一个问题，家具的质量一般是很难看出来的，不知道您是怎样来判断产品质量的？ [因为问太多的问题容易引起对方的反感，所以用赞美的方式缓和一下气氛是很有必要的，小刘再次赞美了冯老师。注意，了解顾客如何判断质量有助于明确对方的观点是否客观，这将有助于后期对顾客的说服]
顾客	仔细看看，再问一问熟人。 [小刘了解到顾客对质量的判断是通过看产品细节，以及身边人的口碑而定的]
导购员	对，看产品就是要看它的细节，朋友的建议也很重要。[停顿] 您是不是以前看过的那种产品也像现在一样，颜色和风格您都很喜欢？ [小刘知道自己的产品风格和颜色与冯老师喜欢的那个品牌是基本一样的，所以会问顾客这样一个问题。注意，在这里导购员需要重点强调“现在”这个词，这是一种“着床指令”的催眠式销售技巧]
顾客	嗯，看起来很相似。
导购员	冯老师，我带您看看我们的产品吧！

自我检讨

29 最关键的销售说辞

销售家具的第三步骤——向顾客推荐合适的产品，并塑造出产品的价值

学习如何推荐产品之前先认识一个销售专业术语：USP（独特销售卖点），它是指相对于竞争对手来说，你的产品有哪些独特的优势。

销售的过程就是了解顾客并引导顾客购买的过程，引导顾客的前提是了解顾客。引导顾客的重点是告诉他哪些东西对他非常重要以及对他有什么样的好处，也许他自己并没有意识到这一点。把顾客引向 USP，就是让顾客知道唯有你的产品才能为他带来这些利益，以及你的产品比竞争对手的产品能为他带来更多的某种好处。当顾客明白了这种利益之后，将对你的产品产生更多的偏好和信赖。

比如，你的产品在环保性方面占极大优势，而顾客并不知道家具的环保性对他的重要性，你就要有技巧地引导顾客，让他认识到产品环保与否直接关系着家人的健康和幸福。只有把这种独特销售卖点转化为顾客的利益，并让他承认这方面确实有助于他时，你的说服才能产生正面的效果。

因为家具行业产品的同质化太过严重，产品本身往往难以具备所谓的独特销售卖点。那么导购员如何利用 USP 概念销售产品呢？其实我认为，销售人员完全可以把这种概念延伸到品牌形象或是企业实力上来。品牌知名度、口碑、销售量、企业规模、企业荣誉、社会影响力等方面都可以作为产品的 USP，用以起到说服顾客的作用。

销售冠军的策略

☞ 把顾客的需求与产品的 USP 结合起来。

假如顾客需要性价比高、很实用的家具，你却坚持告诉他你的产品风格很流行、档次高，这样的说服没有任何效果，只会让顾客感觉到自己来错了地方。

☞ 如果没有顾客想要的产品，引导他接受替代产品。

顾客想要的和顾客需要的并不完全是同一个概念。有时候顾客购买了想要的产品，但这种产品并不是他真正需要的。你的工作就是发现顾客真正需要的，并让顾客认识到自己到底需要什么，然后引导他明白你的产品可以满足他的这种需要。也就是说要把顾客的态度从需要转变为想要。

☞ 先让顾客明白产品的 USP 对他很重要，再说出 USP。

比如先问一个问题："先生，行业的知名品牌一定会在品质和服务方面做得更好，您认为呢？"在得到顾客的肯定后，继续说："您很幸运，您所喜欢的产品就是这样的一个品牌！"（导购员在这里把品牌在行业的影响力作为了产品的 USP，这完全是可行的。)

☞ 一定要塑造出产品的价值。

顾客购买的永远是产品的价值而不是产品的价格。如果顾客认为你的产品对他没有任何价值，就算再低的价格他也不会接受。你所销售的产品对顾客的价值是什么呢？是十几年的方便和安心？是全家人的舒适和幸福？是一种时尚或华贵的体验？

实例解读：

当导购员小刘与冯老师建立了初步的信赖感，并了解了冯老师的问题、需求和渴望之后，就开始向顾客推荐合适的产品了。注意学习产品推荐技巧。

导购员	冯老师，您除了想了解客厅家具之外，还想了解其他的吗？[如果在前一步骤问太多的问题或许会让顾客感觉麻烦，因此，对某些想深入了解顾客需求的问题可以分步骤进行。另外，如果你想知道顾客到底想购买什么产品，不可以直接问“您想要买什么产品”，而是要问“您想了解什么产品”，这样的方式对方容易回答你]
顾客	我只看看客厅产品，其他的不需要。
导购员	您看看现在这套是不是像您以前所喜欢的家具那样，一看就会让您很喜欢？
顾客	我比较喜欢你们这种产品的颜色，设计也不错。

导购员	对，这种颜色的家具放在您的房子里，会让您有一种非常高档和高雅的感觉！［停顿］而且我们公司的设计师来自德国，他的设计风格大气、很国际化，您感觉到了吧！
顾客	这一套多少钱？ [顾客问到价格是好事，但尽量不要谈价格，继续引导顾客认识产品的优势]
导购员	冯老师，我先告诉您选择家具的关键，来，您看看这厅柜的做工，它的细节处理得非常到位，根本不像一些小厂家的产品那样粗糙。您自己摸一摸就能体会到，是吧！
顾客	嗯！
导购员	产品的质量要看它的细节，您也是这样认为的，对吗？
顾客	对，细节之处见功夫嘛！
导购员	另外，非常重要的一点就是产品的材料决定了产品的品质，以后您如果选择家具的话，一定要认清楚它是用什么样的材料做的。 [听起来像是导购员在教顾客如何选择家具，其实导购员是在把顾客引向自己的 USP]
顾客	这是什么材料做的？
导购员	主要材料是三聚氰胺板，它是一种在每平方米 300 吨高压及 200 摄氏度高温下加工而成的复合板材。另外，我们拥有目前行业最先进的设备，经过这种设备生产出来的产品可以达到国际水平。因此，请您相信，我们的品质一定是一流的。 [这也是塑造产品价值的一种方式]

顾客	这一整套客厅家具多少钱？ ［如果顾客再次问到价格，就不应该再回避了］
导购员	我帮您算一下，包括沙发、厅柜和茶几，一共 14600 元。
顾客	你可以打几折？
导购员	这样吧，我们先把产品看好，产品适不适合您才是最重要的。冯老师，您认为我们的这套产品和您前几天看过的那套产品有些什么不同呢？
顾客	看起来差不多吧，只是他们的价格要比你们低。
导购员	冯老师，您的意思是说，这套产品您非常满意，只要价格合适，其他方面都没有什么问题了，对吗？
顾客	对，价格合适就可以考虑。
导购员	您也知道我们的产品质量确实很好，所以它的价格一定会高过那种一般档次的产品。我们平时都是明码实价，今天对于您这种真正喜欢我们产品的顾客，我可以给您九五折，这种折扣我们一般是不会给的。［停顿］冯老师，对于您这么喜欢的高品质产品，又给到您最低的折扣，现在就确认下来，怎么样？
顾客	人家打八折，你才九五折，折扣太少了。

自我检讨

30 发现无限宝藏

销售家具的第四步骤——解除顾客的反对意见

当顾客对产品提出某种反对意见的时候，你应该可以偷笑了，因为这正代表顾客确实想要你的产品。没有任何反对意见的顾客，一般是不会购买的。你还需要知道的是，一个顾客提出的反对意见一般不会超过6个。如果导购员能够把各种反对意见归纳出来，并做出完备的应对方案，当顾客提出反对意见的时候，把这些抗拒点一一解除就是一件轻而易举的事情了。以下是导购员经常遇到的反对意见：

“别家产品和你们差不多，但是更便宜。”

“这个价格算下来超出我的预算了。”

“你们的交货期太长了。”

“我已打算订购另外一家的产品了。”

“我太太比较喜欢B品牌。”“老公不同意。”

“如果你能送我一张床垫的话，我马上就买。”

“现在房子还没开始装修，可买可不买，不着急。”

“如果有特价我就要。”

“都说你们卖家具的利润很高。”

“这些证书并不能真正证明你的产品就是好的。”

“听说你们的售后服务不好。”

“父母不喜欢这种。”“父母不让我买这种。”

……

相信诸如此类的反对意见你一定碰到过很多次了，你是很被动地接受呢，还是运用有效的方式把它们消除了呢？我猜想大部分导购员都在努力尝试说服顾客，但常常难以得到满意的结果。

解除顾客反对意见的五个步骤

第一步骤：表达同理心。

“陈先生，我明白您的意思。”“有些顾客一样也会这样想。”

第二步骤：提问找原因。

“您说太贵，是与别家相比还是？”

第三步骤：根据顾客回答进行反对意见的解除。

“我知道了，您是说与B品牌相比，我们的产品贵了一些，我理解您的想法，因为每个人都希望能够买到最实惠的产品，对吗？”

“对您来说，您是情愿使用更环保、品质更高的产品呢，还是情愿使用价格低一些但不能让您放心的产品？”

“长远来说，我相信健康和安心的生活对您来说更重要，多投资一点点在家人的健康和幸福上面，其实是很值得的。”

第四步骤：确定对方的想法。

"您认为是这样的吗?""您也有相同的观点，对吗?"

第五步骤：尝试促成。

"相信您这样选择是不会错的，如果今天订货的话，两个星期以后您就可以把这么好的家具搬回家了。"

实例解读：

小刘面临了冯老师的第一个反对意见——价格贵了。她该如何处理？顾客是不是还有其他的反对意见？

顾客	人家打八折，你才九五折，折扣太少了！
导购员	冯老师，别家的价格可能是比我们的低，其实我和您一样，希望能够以最低的价格买到最好品质的东西，依我个人的了解，顾客购买产品时通常都会关心三个方面：第一是价格，第二是品质，第三是售后服务，对吗?
顾客	嗯。[小刘说的话是经济原则，顾客一般不会不认同]
导购员	我从未发现有任何一家公司以最低的价格提供最高品质的产品和最好的服务，就好像奔驰汽车不可能卖到桑塔纳的价格，您说呢? [说这句话的时候一定要面带微笑]
顾客	嗯。

导购员	冯老师，您认为家具的环保性是不是很重要？［停顿］现在市场上确实有很多价格便宜的产品，但谁也不敢保证这种产品会健康环保，假如有人为了省一笔钱而买回环保性差的产品，对家人的健康可能会造成很大的影响，这样的结果一定是不堪设想，对吗？
顾客	我在网上看到过这种报道。
导购员	而我们产品采用的是进口胶水、进口油漆和进口封边带，再经过精细的工艺处理，成品的游离甲醛释放量完全达标，您在使用我们产品的过程中可以百分之百放心，冯老师，您一定愿意多投资一点钱在家人的健康上，对吗？
顾客	你们有没有环保证书？
导购员	当然有，我拿给您。……冯老师，您也会认为售后服务同样重要对吗？我们是家具行业最有影响力的企业之一，它的规模也是排在行业前列的，而且这个品牌在行业里具有良好的口碑，您会不会认为这样的厂家能够为您提供更好的品质和售后服务？
顾客	你们的售后服务是怎样的？
导购员	基本原则是一年保修终身维修，我们会不定期地进行电话回访，就算万一出了质量问题您也不用担心。
顾客	这产品是哪里生产的？

导购员	我们是国内最大生产规模的企业之一，在深圳。另外，现在买家具一定要选知名大品牌，这样的家具放在家里才更有档次，您说是不是？［停顿］我们这个品牌是很多人都认可的。［停顿］冯老师，根据您多年的经验来看，以这个价格购买我们的产品和服务，是很合理的，您说对吗？
顾客	这样的家具好是好，就是贵。
导购员	您先坐一下，我为您倒杯水吧！……来，请喝水！……冯老师，我希望在有优惠活动的时候能够通知到您，我把您的联系方式记一下好吗？ ［要在顾客提出离开以前留下她的联系方式。需注意的是，要在估计顾客今天不会购买的情况下，才可以对顾客说下次有优惠活动时通知她］
顾客	好的，我手机号是139××××××××你记下来，有什么优惠的活动告诉我一下，我现在先回去和先生商量商量再说吧。 ［顾客说回去需要商量，或许是事实，但有一个明确的原因就是她认为贵了］
导购员	好的，我一定给您打电话！您说要回去和您先生商量之后再说，那么大概什么时候再过来看看呢？ ［最好与顾客约定一个下次面谈的时间，这样有助于电话跟踪的方便］
顾客	大概过三四天吧。

自我检讨

31 最重要的幕后工作

家具销售的第五步骤——顾客资料记录

我在全国各地的导购员调查中发现，顶尖导购员都有写笔记的习惯。其中有一位更是让人惊讶，她在两年的导购工作中写了整整三本笔记。值得高兴的是这名不断写笔记的普通导购员，现在已经是一名管理多个专卖店的主管。很多人认为销售家具是一件再简单不过的事情，做笔记有些小题大做了。但可以肯定地说，有这种想法的导购员要想成为一名优秀员工，要想从导购员上升到店长或是经理几乎是一件不可能的事情。

除了工作之外的个人笔记，做好工作中的相关资料记录也是一项特别重要的工作，本节将告诉你有关顾客资料记录的三个关键。

销售冠军的策略

☞ 获得顾客联系方式。

取得顾客联系方式是进行电话跟踪的前提。据调查，取得顾客联系方式并进行电话跟踪可以提高 20% 的成交率。可以计算一下，有多少成交的机会是因为你没有进行电话跟踪而不明不白地失去的？

有一部分顾客因为担心透露出自己的电话号码之后，会受到一些让人烦恼的骚扰和一些多余的费用支出，所以当导购员向他们索取联系方式时，他们常常拒绝导购员的需求。被拒绝的次数一多，导购员就产生了恐惧感。还有一种导购员觉得，取得了顾客的联系方式之后还要做记录，这样非常麻烦，因此就把这项重要的工作忽略了。

其实，在销售的过程中，导购员只要运用一些合理的技巧，加上诚恳的态度，得到顾客电话号码一般不会很困难。可以尝试两种方法：一是告诉顾客你将为他提供什么帮助或服务，为了方便随时帮助他需要留下电话号码。注意要先说明对顾客的好处，再提出要电话号码。二是同顾客聊家常或交朋友，以一种私人关系的方式取得联系方式。当然，有少数顾客比较固执，那么，导购员则没必要过分地勉强这样的顾客。

☞ 正确地记录顾客资料。

我检查过很多导购员手中的顾客资料记录本，真正有助于销售业绩的记录比较少，导购员一般都习惯于在本子上写下顾客的名字，在名字右边写着电话号码。这是一种对提升销售业绩没有多大帮助的记录方式，正确的方式应是：每记录一位顾客用一页纸，并画成表格；把这个表格分为 5 个部分，分别记录不同的内容。

☞ 每天翻看顾客资料记录本。

导购员做好顾客资料记录之后，一定要养成每天翻看的习惯，否则所记录的资料不能完全发挥作用，因为你会很容易忘记什么时候应当给哪位顾客打电话。

实例解读：

冯老师离开后，导购员小刘应立刻把刚才与顾客所沟通的重点记录在“顾客购买意向记录表”上。

顾客购买意向记录表

顾客：冯老师　　联系方式：139××××××××
顾客基本资料： 中学教师，年龄35岁左右，性格沉稳、不爱说笑话、比较理性。
第一次谈判记录： 意向产品：×××型号沙发、×××型号厅柜、×××型号茶几。产品总价格：14600元。已建立了一定的信赖感。 冯老师最看重产品的质量、颜色和风格。 冯老师在来我们店之前，曾看过××家具城××品牌的家具，并且对××品牌的家具比较看好，这个品牌给冯老师的折扣是八折。冯老师之所以还没有选择这个品牌，可能是因为还想看看有没有更适合自己的产品。 在说服过程中，我向她详细介绍了产品的卖点、企业的影响力。顾客对我们这套产品很满意，后来给顾客九五的折扣，顾客认为折扣太少，说要回家和先生商量之后再说。 从顾客的反应来看，不能成交的原因可能是还希望看看有没有更适合的。如果没有找到更适合的，与我们成交的机会较大。
第二次谈判记录： （空）
第三次谈判记录： （空）

自我检讨

32 让业绩增加20%的法则

家具销售的第六步骤——及时跟踪意向顾客

跟踪意向顾客，是指为了达到促进销售的目的，通过电话与意向顾客进一步沟通。在这个环节中需要导购员具备熟练的电话销售技巧。本节主要讲述跟踪顾客的几个关键。

跟踪顾客的目的

☞ 了解顾客的想法。

也许顾客上次看完你的产品之后，也看了竞争对手的产品，他现在对两家的两个品牌都有认同感，正在考虑到底应该选择哪个品牌。想一想，如果这种时候你打通了顾客的电话，清晰了解顾客的想法是否比任何事情都更加重要？

☞ 打消顾客疑虑。

当你了解清楚顾客对你的产品和对竞争对手的产品的看法之后，是否已经知道对自己不利的因素了？这些因素也许不是事实，只是顾客的一种主观看法而已。充满信心，用你已经准备好的销售说辞，让顾客消除心中的疑虑吧。

☞ 与顾客约定时间再次面谈。

电话了解到顾客的想法并打消了顾客的疑虑后，一定要与顾客约定一个具体的时间与顾客面谈。能在电话中与顾客成交当然最好不过，如果顾客能兑现承诺进行面谈，成交的希望就更大。

完成电话记录

优秀导购员在与顾客通电话之前，都会准备好笔和纸，在通话过程中写下重点，以免遗漏重要的信息。通完电话后，把通话的主要内容整理好并记入“顾客购买意向记录表”。

切勿轻易许诺

有些导购员为了吸引顾客再次面谈，轻易在电话中许下“价格好商量”“有可能给您一个更好的折扣”等空口承诺。如果你能够兑现，或许可以得到一份订单。如果只是一句不负责任的空话，将会让顾客失去对你的信赖感。导购员千万不可犯下这样的错误。

避免与顾客在电话中讨价还价

如果顾客在电话中不停地讨价还价，你该如何处理呢？记住，从一开始，在电话中你就要尽量避免谈论价格，而去强调产品能为顾客带来的最大利益或价值。就算顾客谈到价格的时候，你也要掌握主动，把话题转到塑造产品价值上面来。

实例解读：

冯老师自从上次走了之后已是四天了，但还没有回来再看过家具，于是小刘经过一番准备之后（明确电话目标、设定开场白、提问的方式、处理顾客提问的方式），开始打跟踪电话，了解顾客目前的想法到底是怎样的。

导购员	冯老师，您好！我是××家具店的小刘啊，您现在讲话方便吗？
顾客	小刘你好，现在方便！
导购员	您上次说在三四天之内过来，我一直在等您呢！所以问一下，您今天有时间过来吗？
顾客	哦，不好意思，我今天来不了，我还要再考虑一下。
导购员	没关系，冯老师，我顺便问一下，您还需要考虑哪些方面呢？或许我能够帮助您！ [了解顾客到底在想什么]
顾客	也没什么，只是这几天很忙。 [顾客说忙一般是借口，所以应当进一步提问了解对方的真实想法]
导购员	冯老师，我愿意帮助您，所以请您告诉我，除了这个原因之外，还有其他什么原因吗？

顾客	你们给的折扣太少了，我又看了几家，他们的折扣都比你们低，那个××品牌和你们的产品很像，但他们打七折。 [顾客这时候说出了真实的意图]
导购员	是这样的，单看产品打几折并不代表价格就是真的低，比如，我也可以把我的价格标得很高，然后打出五折六折，但这样的做法其实是对顾客的不负责任，这样反而让顾客难以信任，对吗？
顾客	[没有说话]
导购员	我们作为行业的大品牌、大厂家，当然不能不负责任，不能去欺骗消费者，所以我们始终以明码实价的方式卖产品，而且我们这种做法受到了大家的认可。冯老师，您是一位高水平、讲究生活品质的人，您是愿意选择对家人健康有保证的高品质产品，还是愿意选择对您家人健康没有保障的不知名产品？
顾客	只要你多打点折扣，我当然愿意选择你们的产品。
导购员	如果买回一套家具只用一年半年，就可以随便买一套，不好就换掉，可是一套家具一用就是十几年，不是想换就换的对吧！所以多投资一点买回十几年的放心很值得，对不对？[停顿] 冯老师，为了您十几年的安心和健康，我还是建议您明天到这边来看看，好不好？
顾客	我和我先生商量一下，可能明天下午或后天上午过去吧。
导购员	好的，到时候我等您，再见！

电话跟踪完成后，你的工作是把电话中的重点记录在“顾客购买意向记录表”中。

自我检讨

33 成交前的成交术

销售家具的第七步骤——打消顾客的最后疑虑

现在顾客或许是第二、第三次来到店面了，也或许电话约定了再次面谈。这时顾客通常徘徊于两个或更多个意向品牌（你和你的竞争对手）之间，还存在着一种不确定的心理。

顾客之所以不能立刻做决定购买你的产品，是因为他对你的产品还有最后的疑虑，这种疑虑导致了顾客的拖延。你只要认识到顾客的这种疑虑，并通过一把“猛火”，打消顾客的最后疑虑，点燃顾客的购买欲望，传递给顾客充分的信心，接下来就可以成交了。

顾客另外一种迟迟不做决定的原因，是想要和你进行最后的价格大决战。这是好兆头，顶尖的导购员把这种情景的出现看做成交的前奏。因此，有关如何与顾客进行价格大决战的战术，将在后面的成交步骤中讲述。

☞ 保持耐心。

有一些导购员前期的工作都做得不错，可是到了最后关头却坚持不下去，在顾客面前表现出不耐烦的情绪，从而导致失去了本可以到手的机会。记住，千万要保持耐心，始终让顾客感觉到你在为他着想。

☞ 刺激顾客购买的关键按钮。

如果发现顾客的疑虑点正是你产品的劣势，而你又知道这一点对顾客并不是很重要，这时你应该怎么做呢？应尽量避免谈论这种劣势，反复提及对顾客最重要的方面，也就是你的产品最大优势方面。

☞ 留一手。

不要把你能够提供给顾客的所有好处一一摆在顾客面前，因为即使你已经竭尽全力了，顾客还是同样不知足，认为这些都是你应当做的。保留某种能够让顾客眼前一亮的东西，在顾客迟迟下不了决定的时候交给他，将能够刺激他做出反应。

☞ 点燃顾客的欲望。

虽然顾客已经认可了产品的多种优势，一段时间以来顾客也已经听过你所告诉他的各种好处，但是在最后关头，为了让顾客快速行动，你要根据顾客的购买价值观，把产品能够为顾客带来的主要利益再次向顾客强调一遍。痛苦加大法和快乐加大法正是让顾客情绪激动的最好技巧，当顾客不断地向你点头说“是”的时候，问他：“先生，您都看到了这种产品确实可以为您减少很多生活中产生的麻烦，也能为您的生活带来这么多的方便和快乐，您一定想马上确定下来，是吧？”

☞ 情绪和肢体动作的配合。

这种时候你千万不可以表现得很冷淡，保持足够的活力才能传递给顾客更多的信心。肢体动作也可以传递给顾客一种无声的信息：相信我，快做决定吧！

自我检讨

\- -

\- -

\- -

\- -

\- -

\- -

\- -

\- -

34 销售中的顶尖魔术

销售家具的第八步骤——成交

成交是一个过程，从与顾客一见面就开始。成交也是一种结果，一种循序渐进的说服结果，一种不断了解顾客与引导顾客的结果。本节，将对成交前的心理准备、成交的常用技巧，以及成交时应该注意的关键点进行讲述。

顶尖销售人员的四大信念

第一信念：成交的关键是敢于提出成交。

第二信念：成交通常在 5 次拒绝之后。

第三信念：只有成交才能真正帮到顾客。

第四信念：不成交是顾客的极大损失。

销售冠军的策略

☞ “价格分解”成交法。

在你的销售经历中有没有听过“价格比我预期的高太多”“我没有想过这种产品会有这么高的价钱”等等的话呢?

这种成交法的第一步就是算出你的产品的价格与顾客预期价格的差额。现在假设顾客看好一套标价为 8000 元的家具，而他的预期价是 6000 元，这时你需要先算出价格差异是 2000 元。一旦确定了价格差额，支付上的问题就不再是 8000 元，而是 2000 元了。

现在，你对顾客说:“王先生，照这样看来，我们双方之间的价格差距应该是 2000 元，对吧?”假设这套家具的正常使用寿命是 12 年，可以这样对顾客说:“王先生，这套产品的使用寿命最少也有 10 年，对吧?”

“好，现在我们把 2000 元除以 10 年，那么每一年您只需要多投资 200 元，对吗?”“这样分解下来，您平均每个月只需多投资 16 元左右。[停顿] 王先生，您算算，每天只需要多投资多少?”“是 5 角多。”记住这个答案最好让顾客自己说出来，因为到最后，你的顾客会觉得再为每天 5 角多跟你争执，已经很可笑了。

最后，你对顾客说:“王先生，您觉得每天多投资 5 角左右，就可以拥有这样一套自己非常喜欢，又能为家人带来幸福和快乐的家具，是不是非常值得呢?”

☞ “一分钱一分货”成交法。

在每一天的工作中，价格总是顾客最常提起的话题。每当有人挑剔价格的时候，不要和他争辩。相反，你要为此感到欣喜。因为只有在顾客对你的产品感兴趣的情况下，才会关注价格，你要做的，只是让他觉得产品的价值符合这种价格，这样你就可以成交了。在这种情况下，你可以尝试以下技巧：

你面带微笑，开玩笑似的问顾客："王先生，您有没有买过任何价格最便宜，而品质又最好的东西呢？"你要耐心地等待他的回答。他可能会承认，或许他从来就不期望便宜货都很有价值。

你再问："王先生，您会不会觉得一分钱一分货很有道理？"这是买卖之间最伟大的真理，当你用这种方式说服顾客时，顾客几乎必须同意你说得是正确的。

你可以用这样的话结尾："王先生，在这个市场上，我们的价格是很公道的，我可能没办法给您最低的价格，而且您也不见得想要最低价格的产品，对吗？但是，我可以给您目前市场上同类产品中最有价值的成交条件。"

接下来，"王先生，有时候以价格为导向购买家具，不完全是正确的。投资多一点，您最多损失有限的一笔钱，而投资太少的话，那您所付出的就更多了，因为您所购买的产品很可能无法带给您所预期的满意度，您认为呢？"

☞ "别家可能更便宜"成交法。

你经常碰到"别家的产品比你家的产品便宜"之类的话吗？如果有，你首先需要弄清楚的是，顾客是真的认为你的产品比别家贵，还是为了跟你讨价还价？然后你需要了解顾客对你家产品的质量和服务的看法是怎样的。这些对你完成一笔交易会有莫大的帮助。

不过，无论顾客是什么态度，你都可以使用下面的成交法，它能够有效地激发顾客的购买欲望，除非他真的对你的产品和服务不感兴趣。但是，如果顾客真的不感兴趣，他也不会跟你在价格上纠缠不休。

你可以对顾客说："王先生，别家的价格可能真的比我们的价格低，其实我和您一样，希望能够以最低的价格买到最高的品质。""但我从未发现有任何一家公司可以以最低价格提供最高品质的产品和最好的服务，一分钱一分货，是这样的吗？"

说完这句话后，你最好留下时间给顾客做出反应。因为你说的是市场上的真理，顾客几乎没有办法来反驳，他只能说"是"。接下来，你可以继续说："王先生，根据您多年的经验来看，以这个价格来购买我们的产品和服务，是很合理的，您说对吗？"

让你的顾客做出回应，因为你的产品品质和服务确实符合这样的价格，只要顾客不是故意刁难，应该不会做出否定的回答。然后，你再继续问："王先生，为了您长期的幸福，您愿意牺牲哪一项呢？是产品的品质？还是良好的服务？"

☞ 假设成交法。

"王先生，假如您今天订的话，您希望我们什么时候交货？"

"王先生，您现在确定，我们仓库应该还有现货。"

"王先生，为了您能尽快用到产品，我马上为您落实货源吧！"

☞ 选择成交法。

"王先生，您是希望我们为您送货，还是您自己取货？"

"王先生，我现在为您开单还是等一会儿？"

“王先生，您是交订金还是付全款？”

“王先生，您计划确定这一套还是确定另外一套？”

☞ 机会成交法。

“王先生，优惠期只剩最后三天了，您现在就确认一下吧！”

“王先生，这款特价只剩最后两套了，我建议您现在定下来。”

“王先生，现在确定下来的话，可以获赠价值 900 元的赠品，赠品只剩最后几件，赠完为止，就这么定了吧！”

☞ 大胆成交法。

“王先生，您这么有眼光，当然就要选这种大品牌、高品质的产品对吗？不如现在就确定了吧！”

“王先生，这么优惠的价格买这么好的产品，机会难得，就确定下来吧！”

“王先生，这套家具现在正热销，这个月卖出去十几套了，我也建议您现在订一套。”

☞ 三问成交法。

“王先生，您认为这套家具怎么样？”顾客说“好”的时候，你再问第二个问题：“您想不想拥有它呢？”如果顾客说“可以考虑”之类的话，你就再问：“您打算什么时间开始使用这么好的产品呢？”

☞ 霸王成交法。

你已经确认这位顾客非常认同你的产品，在价格上也可以接受，但还是迟迟做不了决定，每当你要求他成交时，他总会告诉你“我要考虑考虑，过几天再说”，遇到这样的情况是不是特别让你心神不宁，感觉夜长梦多呢？霸王成交法在这种时候会很有用处。

在这位你已经非常熟悉的顾客到来之前，按他想要的产品先写好一份销售订单。当顾客来到店里再次看过产品，又和你谈了一阵子之后，请他坐下来，然后把那份你事先填好的销售订单拿出来，直接把笔和订单一起递给他，并对他说：“您看这样有没有问题，请签个字吧！”

这时需要注意的是，你千万不要讲话，平静地看着顾客。当顾客看你的时候，你就向他点头表示鼓励。通常情况下，顾客会仔细地看过你为他已经填写好的销售单，然后会告诉你他的真实想法。或许，他会用你递给他的笔写上他的名字。试一试吧，就算万一不能成交，你也不会得罪顾客，而且还可以捕捉到顾客的真实意图。

成交时需要掌握的关键

当顾客答应签订销售订单后，可与顾客谈一些与产品无关的轻松的话题，同时导购员要表现得轻松自然一些，以免顾客反悔要你退单。

注意与顾客说话的用词也非常重要，恰当的语言可以减轻顾客的防备心理。我们知道，人们听到什么样的话语，在头脑中就会产生什么样的图像。如果顾客听到的是一些有压迫感的词语，在他们头脑中自然会联想到一些麻烦或痛苦的画面。相反，如果顾客听到的是正面的、轻松的词语，就会联想到一些快乐轻松的画面。不要忘记，顾客买的是感觉，在快乐的氛围中成交吧！请掌握下表中的成交用语。

成交用语对照表

正确的说法	错误的说法
确认	签单
拥有	购买
投资	花钱
服务费	提成
书面文件	合同、合约、协议书
恭喜您拥有	谢谢您购买

实例解读：

电话跟踪后的第二天，冯老师再次来到专卖店，经过小刘的说服，冯老师很快以九五折的价格接受了这套产品。

顾客	[再次来到专卖店，继续看这套家具]
导购员	冯老师您好！欢迎您回来！
顾客	你好！今天就是想跟你商量一下，给我多打点折，我就把这套家具订下来。
导购员	来，先请这边坐吧！我为您倒杯水。……冯老师，我想了解一下，您预期的价格与我们现在的价格差多少？ [与顾客坐下来谈判会有更好的效果]
顾客	你给我九折怎么样？

导购员	我们来算一下，这套家具总价是 14600 元。您说希望九折成交，算下来是 13140 元，而我们的最低价算下来是 13870 元，就是说您的期望价与我们的最低价相差 730 元，对吧？
顾客	对呀，我买 1 万多块钱的东西，你就不能给我少 700 多块钱吗？
导购员	我理解您的想法，冯老师，现在我想问您一个问题，您认为这套家具可以用 12 年还是 15 年？［停顿］就按您只使用 10 年来算，平均每一年您只需要多投资 73 元，对吗？
顾客	嗯。
导购员	一年多投资 73 元，每个月只需要投资多少？
顾客	是 6 元左右。 ［这个答案尽量让顾客自己说出来］
导购员	冯老师，您是很有水平的人，您觉得每月多投资 6 元左右，现在就拥有这样一套自己非常喜欢、又能为家人带来健康和快乐的高品质家具，是不是非常值得？
顾客	嗯。
导购员	如果您不小心选择了一套看起来比较便宜的产品，但在使用的过程中，万一家里哪个人的健康受到一点点影响，恐怕也不是 6 块钱可以解决的，对吗？
顾客	是啊。
导购员	冯老师，每个月只用多投资 6 块钱，您就可以换回全家人十几年的健康和幸福，您一定也承认吧！［停顿］这样，您现在就把它确认下来，我另外送给您一份价值 200 多元的礼品。

顾客	好吧！谢谢！ ［这就叫做顾客买了商品，还要对你说“谢谢”］

自我检讨

35 顾客为你而感动吗

销售家具的第九步骤——成交后的顾客服务

请仔细回想一下，自始至终，你的服务或你的表现给顾客留下了什么样的印象？是态度真诚，是服务热情，还是表现专业？无论是哪一种，都还不够，因为你的服务还没有让顾客感动。或许你认为，你不是卖出产品了吗？顾客都购买了产品还有什么不满意呢？严格地说，如果仅仅做到这一点，导购员还没有完全体现出自己的价值所在。

因为真正优秀的导购员还肩负了传播产品或品牌口碑的责任。前面已经阐述过了口碑的原理和重要性，我在这里还要补充的是，口碑效应的形成只有加或是减的状态，而没有所谓的中间状态或停止状态。也就是说，如果你不能建立正面的口碑，你就正在建立负面的口碑。如果顾客没有对他身边的亲人、朋友、同事等人说你的产品或服务很好，就等于在说你的产品或服务不够好，因为顾客永远是不知足的，也是挑剔的。

现在，或许你已经知道我想要在这里表达什么了。那就是，如果你之前所做的工作没能让顾客为你而感动的话，从现在开始吧。售后服务人员为顾客送货安装的时候，就是表现你对顾客的关心、让顾客感动的最好机会，因为你完全可以在这个环节让顾客感受到你的细心周全和热情洋溢。

怎么做呢？首先在售后服务人员把产品送到顾客家之前，打通顾客的电话，充满关心地提醒他："（称呼）您好，产品很快就要送到了，等一下在安装的过程中，为了您家人的安全，请注意不要让小孩靠近好吗？另外，在售后人员安装的过程中，如果有什么不满意或其他的问题，请随时打我电话，我都会为您处理的！"

还有就是你要提前给售后安装的同事打个招呼，当安装完毕之后一定要通知你。这样，你就可以在售后服务人员还没有离开顾客家之前，再次与顾客沟通，以便了解顾客是否满意。你可以对顾客说："（称呼）您好，家具已经安装好了，不知道是否有什么地方我们做得不够？如果有的话，现在我们的售后服务人员还在，我会请他们马上帮您处理好！"如果顾客说很满意，你就对顾客说："很感谢您对我们的认可！在以后您使用产品的过程中，如果遇到任何的问题，请您给我打电话，我们都会为您解决。同时，我也会不定期地打电话给您，了解您的产品使用情况。"

自我检讨

36 让顾客帮你推销的秘诀

销售家具的第十步骤——对顾客工作之外的关心，并请顾客转介绍

我说过如果要把销售工作做得更好，你必须要做出能够让顾客感动的服务，可是只按前面的做法并不能让顾客真正感动。很简单，分内的工作只会让顾客感觉到这是你应该做的。工作之外的关心，才会融化顾客的心灵，让他为你而感动。

送货安装一星期之后，你一定要给顾客打回访电话。尽管一周后的回访是你公司的规定，也是你应该执行的工作，然而你可以把常规的电话回访用语做一些变动，让顾客听起来不会认为这是你的分内工作，而是你对他的一种关心。

首先你要了解顾客在使用产品的过程中是否遇到了什么问题。当然，通常是不会有什么大问题的，如果有，顾客早就向你叫苦了。之所以这样做，是为了让顾客享受一下“上帝”的感觉。然后，你可以同顾客以聊家常的形式谈一谈“摆场”效果，并给出你的专业意见；谈一些家具如何保养以及使用中的注意事项，也会让顾客体会到你的热心。最后，别忘了对顾客说一句：“如果遇到什么问题就告诉我，我会帮您处理的！”

猜想一下在这个时候，只要是比较有心的顾客，都会被你的关心和帮助而感动！现在，是你影响顾客为你转介绍的时机了。为什么说是影响而不是要求顾客为你推荐潜在顾客呢？因为，如果你表现得太过直接，就会让顾客感觉到你的真实意图，你所做的工作就前功尽弃了。而影响顾客为你转介绍，是用一种听起来是在帮助顾客，但可以达到同样的目的的方式。比较一下下面的问话，哪个更好一些呢？

“刘太太，请您帮我介绍您身边的亲友来我这里买家具好吗？”

“刘太太，和您打交道就知道您是一位朋友很多、喜欢帮助别人的人，您看，这么好的家具，当然要告诉身边的朋友们，可以让他们以后买家具的时候心里有个底，对吗？”稍后再问：“刘太太，如果您身边有一些朋友想要买家具，您可以推荐一下！好吗？”

自我检讨

\- -

\- -

\- -

\- -

\- -

\- -

JIAJUYINGXIAO

第5部分

被遗漏的十个销售秘密

每个专卖店都希望把销售量提高，所以他们用尽一切办法——做促销、打广告、产品打折等等。然而得到的结果总是很难让人满意，因为这些方法只能形成暂时的销量上升。实际上，只要导购员能够少用错误的方法向顾客推销，就可以达到增加销量的目的。在这部分内容里面，分享了提升专卖店业绩的十大关键方法。当你在阅读这些内容的时候，请比较一下，你曾经是否犯过许多错误呢?

37 提高销量的关键资料

本节所讲的获取顾客资料，是指为了能够与顾客保持良好的沟通、进一步建立信赖感所需要收集的一些关键资料。留下顾客联系电话是最基本的要求。如果已经与顾客建立了良好的信赖感，获取更多的资料就不会很困难，比如了解到顾客的家庭情况、个人爱好等。

购买食品可以在很短的时间内做出决定，而购买家具往往需要很长一个过程。在这个过程中，导购员和顾客沟通的质量如何、有没有建立起信赖感等因素直接影响到成交的可能性。如果导购员能够获取较为全面的顾客资料并做好记录，成交的机会就会大大增加。

如果知道顾客的联系方式，你可以通过电话把最新的优惠信息通知顾客，或者告诉顾客更好更实惠的产品组合方案，这样可以让顾客感觉到你是在帮助他，而不只是向他推销产品。

如果知道顾客的生日或搬家、结婚的日子，你可以打电话表示祝贺，以便让顾客感受到你的关怀。

如果你知道顾客的兴趣爱好，当你们下次见面时，可以聊得更投机。顾客在你店里停留的时间越长对你越有利。

……

获取顾客资料并做好记录有许多好处，这也是导购人员的重要职责之一。然而在实际工作中，很少有导购人员运用这些好的方法。你又是怎么做的呢？下面有一些方法，供你举一反三。

销售冠军的策略

☞ 对顾客说："王先生，我们公司会不定期举行一些回馈消费者的优惠活动，到时候您希望我通知您吗？［停顿］那么我需要把您的电话号码记一下。"

☞ 对顾客说："王先生，您的意思是想知道我们厂家能不能提供这种颜色的沙发对吗？那我会尽快与厂家联系，了解清楚之后我是打您手机还是家里电话？"

☞ 请顾客坐下来，为他倒杯水，聊聊家常，然后得到电话号码。这种方式通常可以获得更多顾客信息。

☞ 先把笔和纸递给顾客，然后告诉他："请把您的电话号码写一下。"这是一种心理技巧，当顾客接过纸和笔后，一般都不会拒绝。注意不要给顾客一种你是在命令他的感觉。

☞ 与顾客交朋友。

自我检讨

38 发现另外一座宝藏

前面一节中我们谈到了获取顾客的联系方式及相关资料的重要性和方法。取得顾客的联系方式之后，就需要在合适的时间通过电话与顾客进行沟通并争取销售机会了。

这就是一个电话销售的过程。家具导购员除了具有店面销售技巧之外，也需要学会电话销售技巧。对于建立信赖感、了解顾客真正需求、激发顾客购买欲望、打消顾客疑虑和促进顾客做决定等方面的工作，在电话中一样可以进行。学习并熟练运用电话销售，请掌握下面的方法和步骤：

销售冠军的策略

☞ 做好电话前的准备。

多数导购员认为，打电话给顾客不是一件很简单的事吗？还用做什么准备呢？如果你真是这样认为，就要给打电话的效果打问号了。需要记住的是，打这个电话最终的目的是为了争取成交。因此，电话前花上三分钟时间，把本次电话沟通的主要目标和内容简要写几句，一定会比不做准备而打电话有更好的效果。

电话准备：

步骤	内容
顾客认知	你与这位顾客上次谈到哪些？对方的期望是什么？问题点在哪里？
明确目标	你希望通过本次电话达到什么目标？可设定两个目标，如果第一目标达不到，就达成第二目标。 比如：本次电话沟通第一目标是打消顾客疑虑，并让对方承诺在三天之内再次面谈；第二目标是打消顾客疑虑。
开场	“您好，刘先生！我是××家具的小李，不好意思打扰您！[停顿]上次说好今天打电话给您，我想请问一下，对于那套非常适合您的家具，您打算下一步怎么做？” [注意：虽然上次谈到今天回复顾客有关折扣的事，但在开场白中不可以直接提到，先了解顾客的想法更加重要。因此，不要直接告诉顾客能打几折，而是先问对方一个问题] “您好，陈小姐！我是××家具的小李，现在会不会打扰您？[停顿]是这样，您上个礼拜来到我们店，看了一套非常适合您的五件套，我看您这么久都没有过来，不知道您考虑得怎样了？” [注意：表现礼貌可以建立信赖感]

通过提问了解顾客的真正需求	把为达成电话目标需要提的几个关键问题列出来。比如想要了解上周来看五件套的陈小姐的购买需求，并了解她下一步的打算，以下问题可供参考： “陈小姐，我们都认为这套产品很适合您，您认为呢?” “您比较看好这套产品是因为哪些因素呢?” “除了价格因素，您还有没有其他问题?” “就是说只要价格可以，您就会马上订购是吗?” “可不可以问一下，除了和我们谈，您还跟哪家谈呢?” “您也喜欢 B 品牌，有哪些原因呢?” “假如您会选择我们的产品，您对我还有哪些建议?” “您看我们下一步怎么走?”
注意事项	顾客有可能在电话中问一些让你意想不到的问题，也可能在电话中态度特别不好，或是会进一步对产品产生疑问并提出反对意见，这时需要导购人员事先有这方面的准备——假如顾客问我这个问题我怎么回答? 举例说明： 顾客：“我需要就过去找你，你先不要打电话了。” 导购员：“是的，王先生，我也担心会打扰到您，现在只耽误您两分钟向您请教几个小问题，好吗?” 顾客：“对不起，我不打算买你们家具了。” 导购员：“那真是很遗憾，您可以告诉我是什么原因吗?” “真的很遗憾，是不是我们哪些方面做得不够好呢?” “您这样选择一定有您的理由，我可以知道是什么原因吗?” “即使这样，我也很想听听您对我们的建议。” [当顾客这样说的时候，一定要了解到是什么原因，以便知道是否还有挽救的机会]

注意事项	顾客："我已打算购买 B 品牌。" 导购员："很遗憾我们不能为您提供服务，您选择 B 品牌一定有一些原因，是吗？" "B 品牌也不错，您最看重它的哪一方面呢？" "您觉得我们和 B 品牌之间有哪些不同呢？" "您比较重视 B 品牌的颜色，可是据我了解，您的房子如果配上深色家具会有更好的效果，假如买回浅色家具之后感觉不是很好，会对您有长期的影响，您认为呢？" 顾客："如果价格没商量的话，那就不用谈了。" 导购员："我的理解是，除了价格之外，您对产品没有其他问题了，是吗？" "我帮您算了一下，现在我们的统一价格比您期望的价格高出 590 元。假如这套家具您用十年，就是说每一年才多出 59 元，每个月多出 5 元对不对？您看王先生，每个月多出 5 元钱，买来更好的品质和更好的服务是不是很值得？" 顾客："你们产品与 B 品牌相比有哪些优势？" 导购员："王先生，您一定是个很有眼光的人！可不可以先问一下您，您认为我们与 B 品牌相比各自有什么优势？" "您一定看过 B 品牌吧，您比较满意它的哪些方面？" "当然 B 品牌也有好的方面，同时有一个事实是，我们企业的影响力和规模都是行业公认最大的，这样的企业有没有可能为您提供更好的产品和服务呢？" 顾客："我一个朋友去年买了你们的产品，他说你们的服务不是很好。" 导购员："是吗？这样好不好，请您把您朋友的电话给我，我马上让售后人员与他联系，情况了解清楚后，我再把情况反馈给您怎样？"

在做电话准备工作的时候，不需要写太多，只要把几个重点列在纸上就好了。就算你万一不愿意动笔，你也要在打电话之前把一些问题在头脑中思考一下。

上面这些例子同时也可以用于店面销售。顾客提出的问题可能会很多，导购员要善于总结，在这里就不一一举例了。

☞ 把电话中的重点记录下来。

做好电话记录的目的，是为了下次与顾客交谈时，能够有目标有计划有重点地进行。我曾经经常遇到不愿做电话记录的导购员，她们情愿更相信自己的大脑。如果你每天打一通跟踪电话，一周就是六次，你能够清楚地记得与这六位顾客交谈的内容吗？如果你一天打两次三次电话呢？

利用“电话跟踪记录表”之类的工具把电话沟通的主要内容记录下来就是一种简单又方便的方式。

实例解读：

导购员	您好张先生！我是××家具专卖店的小李，您现在方便讲话吗？
顾客	小李，你好！
导购员	前天您也看过好几次我们这套特价产品了，您也很喜欢这样的风格，它确实非常适合您，我今天打电话是想了解一下您现在的想法，好吗？ [陈述加提问相结合的开场白]

顾客	你的家具好是好，我也比较喜欢，但是现在还定不下来。
导购员	张先生，您的意思是还要再考虑一下，请问还有哪些方面需要考虑呢？［探寻顾客的想法］
顾客	那天我也看了R品牌，有一套和你们的产品风格差不多，我现在还在和家人商量到底选哪个。
导购员	您说R品牌和我们的产品风格差不多，同时，我想这两个品牌之间一定有不同的地方，那么在您看来这种区别在哪里呢？［探寻顾客的想法］
顾客	你们的价格比R品牌要低2000多块，我太太想要选你们的家具，而我认为贵点的家具比较好，我装修也花了不少钱，买好一些的家具比较适合，所以现在还没商量好到底该买哪一种。
导购员	张先生，您的意思是说，为了配合您的装修，想要买档次高一些的家具，是吧？［确认对方的真实想法］
顾客	也不是要买特别高档的，比较适合就行。
导购员	明白，您是不是认为因为我们的价格比R品牌要低2000多块，所以产品档次比R品牌也要低一些？ ［确认对方的真实想法］
顾客	往往都是贵的东西更好嘛。
导购员	对，便宜无好货，这是事实［表达同理心］。张先生，可能是我前天没有向您说清楚，我们这套产品原价是19600块，现在是促销期，比平时的价格要便宜6000多块。您在用我们的优惠价和R品牌的正常价相比较，对吗？

顾客	这样吗？我倒是没有搞清楚。
导购员	对，如果您真要比较价格和品质的话，要用我们的原价和他们的原价相比较才行。等到我们优惠活动结束后，这套产品的价格就要比 R 品牌高 4000 多块。张先生，您算一下，是不是这样？
顾客	贵出这么多？产品看上去相差不大嘛！
导购员	很多人也这么认为［表达同理心］，实际上是有很大的差别的，您也可以请专业人员来仔细看看。有一个不可否认的事实是，我们品牌在行业里面是非常有影响力的，生产规模也是行业最大的企业之一，这样的厂家生产的产品一定会让您更放心，您说对吗？ ［打消顾客的疑虑，给顾客购买的理由］
顾客	那我过几天去你那边来看看吧。
导购员	张先生，我建议您和您的太太尽快过来，这套家具限量销售，因为很优惠，又是好牌子，现在每天都能卖出去几套，我担心您来晚了已经卖完了。［让顾客快速做决策］
顾客	那么，我明天就过来吧，你先帮我留一套行不行？

从这个案例中可以看出，电话跟踪意向顾客是非常有必要的。假如这位导购员没有打这通电话，就会失去一次成交的机会。对顾客来说，如果没有接到这个电话，他或许会花更多的钱买下较差的产品。在通话过程中，导购员通过提问了解到了顾客的真正需求和购买疑虑，还通过有力的销售说辞打消了顾客的疑虑，给予了顾客充足的购买信心和理

由，最终快速达成交易。

自我检讨

\- -

\- -

\- -

\- -

\- -

\- -

\- -

\- -

39 比竞争对手说得更好

大部分导购员认为，顾客选择一个品牌或产品是因为“质量好”“口碑不错”“价格低”等原因。因此，他们每一天对每一位顾客重复着“质量好”“口碑不错”“价格低”等陈词滥调。

顾客选择你而不选择竞争对手的原因，并不是你所告诉他的“质量好”“口碑不错”“价格低”等语言打动了他。因为，任何一个品牌的导购人员都可以告诉顾客“质量好”“口碑不错”“价格低”等相同的话，有谁会说自己的产品质量不好、口碑很差、价格太高呢？导购人员可不可以超越平庸，换一种解说方法呢？比较一下：

“王小姐，我们产品的质量绝对是有保障的。”“王小姐，您认为一个在行业非常有影响力的企业，会不会更加重视产品的质量？”

“李先生，您放心吧，我们品牌的口碑非常好。”“李先生，我们公司每年会对全国的客户进行满意度调查，去年调查的结果是94%满意，我相信您也会满意的。”

第一种表达方式每一位导购人员都能够使用，它成了导购人员的口头禅。每个专卖店都这样说，顾客已经麻木了。而对于真正有一定实力或潜力的品牌，训练导购人员这种技巧可以起到极佳的效果。

实例解读：

顾客	你们的产品看起来质量都差不多。[顾客拿低价位的产品与这位导购员的产品相比]
导购员	也许从表面看起来有些相似［表达同理心］，但产品的质量好坏不仅仅是通过外观看出来的，您需要从多个角度来判断产品是不是真的好，对吗?
顾客	那你说用什么方式来判断?
导购员	真正有影响力的品牌在行业里面起着模范作用，这个品牌必须在各方面都要做得比其他企业优秀，在品质方面也一样，对不对?
顾客	但是你们价格贵出了不少。 [顾客已经认同了这种产品是不一样的]
导购员	您信不信有些产品的质量与我们差不多，但比我们的价格还要高出 20%？

这就是一种超越竞争对手的解说方式和说服技巧。在此仅举一个案例作为参考，导购员平时需要累积超越竞争对手的销售说辞，这是提升销售业绩的不二法门。

自我检讨

40 反复刺激成交关键按钮

世界上没有十全十美的事物，你也没有十全十美的产品。任何一个品牌，它的产品或服务或多或少都会存在一些问题。知名的产品价格高，销量大的产品售后服务难以保障，价格低的产品品质得不到保证。所谓好或优秀，永远都是相对而言的。

在这个市场上，无论什么样的产品，或多或少都会有销量。尽管不是非常好的产品，也有它的消费群体。在这个消费群体的思维意识中，这种产品是有它的闪光点或是卖点的。

因此，任何产品，任何品牌，都有它自己的闪光点或卖点，他的顾客群体会被这种闪光点或是卖点而吸引，最终产生购买。我要在本节所讲的核心购买理由，就是指这种目标顾客所认可的闪光点或卖点。

前不久我听朋友说有一种包月的网络电话，只需要支付 400 元就可以在国内不限时任打。考虑到自己电话量大，如果采用这种电话可以每月省下 1000 块左右的话费，于是我就申请安装了该电话。在安装过程中我才知道原来这种电话没有一个固定号码，也就是说当你打到别人手机上时无号码显示，这可能为工作带来一些不便。另外这种电话在下午六点以后很难打出去，这对我来说也有一些麻烦。于是我打电话给这家公司的业务人员。

我说："李先生，我现在才知道你这种电话没有一个呼出号码，对我的工作可能会有影响。"

他说："这种电话很便宜嘛！"

我说："你不能给我设一个虚拟号码吗？我打客户手机时这样显得太不礼貌了。"

他说："这种电话这么实惠，比你用普通电话节省很多话费，一点不足也是存在的嘛，再说顾客那边问题不是很大啦！"

我说："你早说我就不装了。另外，这种电话到了下午六点以后还不能用，你说怎么办？"

他说："吴先生啊，这种电话确实能为你节省很大一笔话费。"

我想了想，说："那我先用用吧。"

你看到了，这位业务人员没有被我牵着鼻子走，而是反复强调该网络电话的核心卖点：节省话费。最终在节省话费这一核心关键点的驱动下，让我接受了这部电话。

这就是反复刺激顾客的核心购买理由，这一点对销售家具来说真是太重要了。你需要学习以下方法。

销售冠军的策略

☞ 了解你的产品对"当前这位顾客"来说，什么是最重要的。

为什么我在这里着重强调"当前这位顾客"呢？销售工作中有一

个非常关键的概念，叫做购买价值观。两个人同时购买同一款产品，他们的购买理由可能是不同的。这种购买的理由就是购买价值观。

比如，A 和 B 购买的是同一款手机，A 选择这款手机是因为它很实用，而 B 的选择理由却是因为这款产品可以带给他一种时尚感。虽然他们选择的是同一款产品，但他们的购买价值观不同，对这种产品的看法也就不同。因此，你必须要知道你面前的这位顾客到底为什么购买你的产品。这是最关键的一点。

☞ 了解自己产品的核心卖点是什么，也就是你产品的最大优势。

☞ 把顾客最关心的关键点与产品的核心卖点结合起来。

☞ 顾客提出异议时先表示理解，并马上把异议点转向核心卖点。

☞ 向顾客反复强调产品的核心卖点。

实例解读：

顾客	我就是喜欢松木产品的这种自然的感觉。 [顾客非常喜欢松木家具，已是第二次来看产品]
导购员	是啊，这种产品是所有家具中最自然的，都可以闻到树木的味道，您对我们产品很了解！ [导购员明确了顾客的核心购买理由——自然，所以告诉顾客，这种家具是最自然环保的，都可以闻到树木的味道]
顾客	我孩子比较喜欢××品牌，我们做父母的喜欢这种，但是如果家里放两种不同风格的家具，看起来不好。 [顾客提出了抗拒点]

导购员	对孩子来说，为了他的健康成长，我还是建议您给他买这种家具，必定这是最天然最环保的。 [产品的天然环保对孩子的重要性]
顾客	小孩子有点不听话，那么你可不可以多打点折？ [顾客心里面开始接受为他孩子也选择这种家具，但希望能够更便宜一些，这是第二个抗拒点]
导购员	我们都是全国统一价，如果您比较一下，就会发现我们的产品真的很实惠。张先生，这种产品才是真正的健康环保，也只有这种产品才能给您一种回归自然的感觉，您说是吗？ [再次强调一种回归自然的感觉]
顾客	我买这么多，你就想个办法，再少点吧。 [真的想要买了]
导购员	您看，这套家具最少也要用十几年吧，您可以享受十几年这种健康自然的家居环境，多投资一点非常值得，是不是？ [享受十几年这种健康自然的家居环境]

在这个案例中，“自然的感觉”是这位顾客购买的核心理由，“天然、绿色、健康环保”是这位导购员的产品核心卖点。这位导购员结合了顾客的核心需求和产品的主要特点，反复刺激顾客的关键购买理由，从而让顾客接受她的观点。

自我检讨

41 让顾客感觉物超所值

有这样一个故事：老婆为老公买冬装，夫妇一起去到专卖店。第一次去的时候，看见有一套新上市的衣服很不错，但是价格有些贵，为999元。

老公说："这衣服设计很新潮，质量也特别好，不如买下吧。"老婆说："刚上市的衣服太贵了，过几天再来说不定会降价。"过了两个星期，夫妇再次来到专卖店，一看上次标价999元的衣服现在降到了799元。老公大喜，对老婆说："还是你有先见之明，这衣服真的降价了，现在快买吧！"老婆低声对老公说道："别急，还会降价的，我们过几天再来吧。"

又过了两个星期，天气越来越冷了，夫妇第三次来到该专卖店。进门一看，衣服竟然降到599元。老公急忙找来服务员，说要买下这件衣服。老婆立刻阻止老公："老公，这衣服还是有点贵，过几天一定还可以再便宜，你再等几天好不好，下次一定买！"老婆太对了，当他们第四次来到这家专卖店时，同样那件衣服已经降到299元。

老公万分兴奋，一件原价999元的衣服现在只需299元就可以买下了，于是马上拉着老婆上收银台交款。到了收银台，老婆向服务员问道："那件衣服可以打六折吗？"服务员说："真不好意思，您看，这最后一件了，刚刚被那位顾客买下了。"

产品真的很贵吗？不是。只是人们都有一种天性，但愿自己能花最少的钱买来最好的产品。"太贵了"已经成为购买者的口头禅。

当导购人员面对顾客没完没了讨价还价的时候，既感无奈，又觉疲惫。久而久之，真的以为自己的产品太贵了。

想必每一位导购员都害怕与顾客进行讨价还价，因为花6个小时卖出去一套产品，其中有5个小时都是在磨价格。有没有更好的方法能够让导购员摆脱这种苦难呢？以下方法供你使用。

销售冠军的策略

☞ 了解顾客是真的认为产品贵，或者只是为了讨价还价。

☞ 问顾客：除了价格之外，其他是否还有什么问题。

☞ 塑造产品价值，让顾客感觉物超所值。

"先生，别家的价格可能真的比我们低，我们都希望以最低的价格买到最高品质的商品，这一点我可以理解。依我个人的了解，顾客购买一种产品时，通常都会注意三件事：一是产品的价格，二是产品的品质，三是产品的服务，对吗？[停顿] 但我从未发现有任何一家公司可以以最低价格提供最高品质的产品，同时又提供最好的服务，就好像奔驰汽车不可能卖到桑塔纳的价格，您说是不是？"

"根据您的经验来看，以这个价格来购买我们的产品和服务，其实是非常划算的，您说对吗?"

"为了您长期的生活品质，您愿意牺牲产品的质量，还是愿意牺牲我们公司良好的售后服务呢?"

"价格对您真的那么重要吗？有时多投入一点点来获得真正所想要的产品，也是蛮值得的，您说是不是?"

☞ 预先框视。

第一步，框视顾客是一位成功者，因为一位成功者是不会因为价格贵而拒绝购买或是拼命讨价还价；

第二步，框视顾客作为成功者总是会做出明智的决策；

第三步，框视他做出购买的决定才是最正确的做法。

只要预先框视运用得恰当、适宜，很多情况下你都可以随心所欲地完成你的销售。具体方法请见下面案例。

实例解读：

顾客	这个多少钱？[顾客对这个酒柜有意向]
导购员	您看，先生，这个酒柜看起来很有档次，非常适合您这种成功人士对吗? [在告诉顾客产品价格之前，预先框视顾客是一位成功人士，以免顾客说产品"太贵了"]
顾客	我挺喜欢的，2600 块吗？[顾客自己看了价格牌]
导购员	这样的好产品才符合您的身份和家庭环境嘛！[再次框视]

顾客	最低多少钱?
导购员	我们是高档品牌，平时不打折，这段时间是促销期，全场以九五折销售。您看，这么高档的产品，正好碰上优惠时期，现在就是最好的购买时间。[停顿] 像您这种聪明人，一定会在最合适的时候做决定，对吗? [预先框视顾客会做出聪明的决定]
顾客	促销期到什么时候结束?
导购员	这种产品是限量销售，售完为止，如果您真的喜欢，我建议您现在把它确定下来，因为这种产品只剩下四件了，而且现在购买总金额达到2000元的顾客，还可以得到一份价值200多块的礼品。
顾客	还可以!
导购员	您是有经验的人，现在做决定才是最正确的，是不是? [预先框视顾客所下决定是明智的，是对的]
顾客	那好吧，您给我留一个，我等会儿就来买。

自我检讨

42 如何扩大成交几率

顾客走进门就对着导购员喊：“感谢老天爷，终于让我看到我唯一满意的产品了！喂，小姐，快过来！我下个月将搬新房，我要在你这里买下客厅、卧房、餐厅、书房等全套产品，算一下一共多少钱，你快帮我开单吧，你写单的时候我就数钱给你！”

如果这样的事真的发生在你的身上，你一定以为自己在做梦。不过，这种情况也只有在梦中才能碰到。

一位推销员正在向一位顾客推销自行车，这位顾客打算为自己孩子购买一辆作为生日礼物。因为这种自行车比同类产品要贵出 100 块钱，因此顾客拒绝购买。

这时，推销员对顾客说：“在同等价位的所有自行车中，唯有我们刹车器的质量是最好的。”停顿一下后，推销员问道：“我们都希望自己的孩子在骑车的途中平平安安，是吧？”

“先生，您认为这辆自行车可以使用五年还是七年？”推销员继续说，“就算使用五年吧，平均每年才贵出 20 元对吗？一年 12 个月，每月才贵出 1 元多!”停顿片刻，推销员说：“使用刹车器不好的车子，如果万一骑车时遇到了特殊情况，恐怕一次也不止 100 元，对吗?”

你认为这位顾客有没有向这位推销员购买自行车呢？不止是有，而且在买过之后，还向推销员说“谢谢”。顾客花了钱还要向你说谢谢，这就是销售的至高境界。

如何达到这种境界，做一名成功的销售人员呢?

保证成交的心法

☞ 销售冠军都是比较“不正常”的人，他们对自己的产品保持着一种疯狂甚至是偏执的信仰，能够透过无限的热情和无比的坚信，让顾客感觉到唯有这种产品才能够解决他们自己的问题，让顾客愿意花更多的钱买下本来可以不买的产品，让顾客在购买了产品后还怀着感谢的心情。

☞ 确信顾客拒绝是因为他没有听懂，是因为没有完全了解产品所致。面对拒绝时，给顾客更正错误的机会，直到真正听懂为止。

☞ 万一顾客不买自己的产品，不是产品不好，而是自己本身有问题，是顾客不喜欢自己。

☞ 付款成交后，顾客才是最大的赢家。只有自己的产品才最适合顾客，顾客花了有限的金钱，换回了加倍的价值，如果顾客错过购买我的产品的机会，是他人生中最大的损失。

销售冠军的策略

☞ 情景投影。

在刚与顾客见面时，就开始想象与这位顾客成交的情景，想象顾客多么满意自己的产品，想象自己的收入又多了一份。想象力大于一切，它一定可以帮助你提高销售业绩。

☞ 把理性说服和感性说服结合起来。

在前面推销自行车的例子中，就运用了这个方法。把 100 元钱分解到每个月，是一种理性说服，告诉顾客“假如万一出现什么意外……”，就是一种感性说服。还需要注意的是，当顾客表现得很理性时，要用感性的方式说服，当顾客表现得很感性时，就使用理性的方式说服。

自我检讨

_ _

_ _

_ _

_ _

_ _

_ _

_ _

_ _

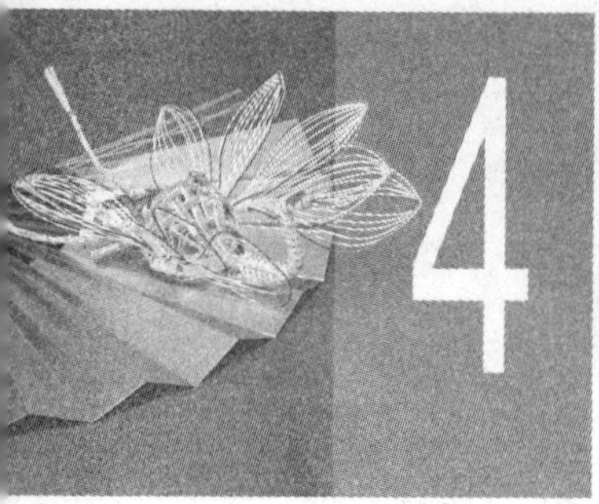

43 可怕的二五零法则

世界第一名汽车销售冠军乔·吉拉德，连续12年平均每天销售6辆汽车。他为什么这么成功呢？他的销售秘诀是什么呢？有一次我去参加乔吉拉德的销售培训课程，得知了他成功的一些原因，其中之一就是著名的“吉拉德二五零法则”。

吉拉德二五零法则告诉我们，一个人一生中大概会认识并接触二五零个人。认真对待所遇到的每一位顾客，把每一位顾客都当作可以影响二五零个人的顾客，并争取每一位顾客帮忙转介绍或推荐新顾客的机会，就是他成功的原因之一。

如果产品或服务能够让某一位顾客真正满意，这种产品就可能有二五零个直接或间接的正面传播的机会。反过来说，如果你的产品或服务让顾客不满意，造成负面影响的话，这种效应也是很可怕的。

从说服效果上来看，顾客说一句胜过导购员说十句。另外，非常具有长期意义的是，顾客转介绍可以形成良好的口碑效应。如果产品或服务确实能够让顾客满意，或是能给顾客留下深刻的印象，导购员完全可以请顾客把好的产品或服务介绍给身边的人。虽然顾客实际做到转介绍的几率不是很大，导购员也应当尽量争取。

通过大量的访问发现，很多导购人员都没有意识到请顾客转介绍的作用和好处。毫无疑问，这种无意识已经造成了并且将会造成极大的损失。值得提到的是，少数几家公司在这方面做得比较好，他们制定了相应的奖励制度，对转介绍成功的顾客能给予一定的回报或奖励。

不要认为某位顾客不会买你的产品就不去争取转介绍的机会。任何一位来到店里的顾客，无论有没有购买你的产品，他都具有帮你转介绍的能力，他完全具有影响你产品口碑的能力。通过二五零法则来看，如果你能够让顾客对你和你的产品产生好的印象，即使不能形成直接的转介绍，也会形成正面的间接影响。

一次偶然的机会，我在客户的公司认识了协会的会长。这位会长为人很热心，乐于帮助他人。他在和我聊了一些训练课程方面的情况之后，表示我的课程能够为企业带来很多实际意义上的帮助，于是告诉我企业协会将在月底举行一次会议，他将带我在会议上认识协会的成员。会议那天，我很荣幸地被这位会长介绍给了 30 多家企业的老总。经过后期与这些企业的沟通，陆陆续续已经有 5 家企业与我确定了合作关系。

因为企业性质不同，这位帮助我的会长自己的公司并没有与我合作，而他却为我带来了 5 份订单。更让人高兴的是，这位会长答应在后期将帮我介绍更多的企业。

请顾客转介绍、影响顾客为你做正面宣传可以为你带来更多的销售业绩和销售乐趣，所以应当把握每一个机会。下面列出了获得转介绍的几种时机。

销售冠军的策略

☞ 第一次与顾客见面时影响顾客转介绍。

这并不是要你在第一次与顾客会面时就对顾客说：请介绍您的朋友来这里买家具吧。而是指影响顾客，让他把感受到的正面的信息传达给周围的人。然而事实是，转介绍确实从与顾客第一次见面时就已经开始。如果我没有给那位会长留下良好的第一印象，他会帮我吗？导购员需要有这样的意识：对你所接待的每一位顾客，都要把最好的产品印象和人员印象保存在他的大脑中。

☞ 成交后请顾客转介绍。

☞ 送货安装时请顾客转介绍。

☞ 电话回访时请顾客转介绍。

自我检讨

\- -

\- -

\- -

\- -

\- -

\- -

\- -

\- -

4 让业绩再增加百分之十

可以把所有的顾客分为两大类：一种是对产品做过一定的了解，对自己的需求很明确，对想要购买的产品有具体的标准和要求的顾客，他们的主观意识特别强，一般不听取导购人员的推荐或建议。另一种顾客与第一种相反，他们没有明确的目标，不确定自己应该购买怎样的产品，对自己的选择没有信心，他们愿意接受他人的推荐或建议，容易受到他人的影响。

消费心理研究发现，消费者在实际购买的东西比原本打算购买的东西更多时，他们会产生更大的满足感。相反，实际购买的东西没有达到预计数量时，便会产生一种不满足感。

连带销售产品不但可以扩大销售量，而且还可以更好地满足顾客的需求。例如有时候某一顾客买了衣柜却忘了买内柜，他不得不再跑一次家具商场，这无疑为顾客带来了很多不方便。因此导购员在销售过程中，要随时向顾客连带销售，无论顾客是属于哪一种类型。

销售冠军的策略

☞ 扩大销售法。

对顾客需求真正了解后，站在朋友的立场向顾客推荐更有价值的产品。在扩大销售的时候，一定要把顾客选择更低价值产品和更高价值产品的利益向他讲清楚，从侧面给顾客建议，并鼓励他做出决定。

某顾客对价值4980元的特价沙发很有兴趣，并计划订购。通过导购员对顾客需求的准确把握，发现顾客在预算方面不是特别在乎，而对产品的功能性和品质特别看重，如果有更合适的选择，他也有可能花多一点钱买更有价值的产品。这时导购员非常有技巧地向顾客推荐了一套价值6000元的产品，顾客经过比较，最后接受了导购员的建议，这位导购员成功地运用了扩大销售法。

实例解读：

顾客	我感觉这套特价也很不错，要不就买这一套吧。 [顾客想要购买沙发，非常喜欢最贵的那一套。但是当他看到特价沙发时，发现这套特价沙发不但比那套便宜了3000多块，而且产品也很不错，于是打算购买特价产品]

导购员	请问您为什么喜欢这一套呢？ [导购员通过充分了解，知道这位顾客不属于价格导向型，对产品的价格不是很在乎，喜欢那套最贵的沙发主要是因为产品档次高、材质好。这套特价沙发虽然价格便宜，但从品质上来说相对较差，并不是非常适合这位顾客，同时导购员也希望顾客购买价格更高的产品，以便获得更高的销售业绩。因此，导购员开始说服顾客选择真正适合他的产品]
顾客	这沙发也很好啊，又实惠。
导购员	对，它是不错，又实惠，您认为这两套产品有哪些不同之处呢？ [了解顾客真实想法]
顾客	那一套质量应该更好一些，而且外观上也更好。
导购员	对！这款特价产品是前年的老款式，而那一套是最新最流行的设计风格，在展览会上获得了最佳设计奖；另外，从材料采用方面来说，新款产品全部采用了最新的材料。作为您这种成功人士，放在客厅的沙发当然要选最能体现您身份的东西，对吗？ [注意，导购员在明确顾客一定会购买自己产品的时候才可以这样说服顾客]
顾客	嗯。[顾客在考虑到底应该买哪一种]
导购员	刚才您说花了很多钱在装修上，我更加建议您选择那套最好的沙发，因为家具要能够和装修相配，对吗？只有配最流行最有档次的沙发，才适合您这么好的装修。
顾客	你说的也有道理，那好吧！

☞ 交叉销售法。

在顾客选择某一种产品后，提醒或建议他配置与该产品相关的其他产品。向顾客推荐相关产品时，要表现出你是为他着想，而不要给顾客购买压力。比如：某顾客确定要购买一组六门衣柜，于是请导购员开单，导购员在写销售单的时候，提醒顾客是否需要配备顶柜，顾客考虑到加配一个顶柜的确能带来一些方便，于是便同意了，这就是一种成功的交叉销售的扩大销售法。

通常，你可以在顾客买床时向他推荐床垫或床头柜，买餐桌时向他推荐餐椅，买衣柜时向他推荐内柜、顶柜，等等。无论顾客买了什么，都要尽量用顾客容易接受的方式向他推荐更多的产品，这样做通常不但不会让顾客反感，而且还可以达成更多交易。

自我检讨

45 化投诉或报怨为信赖

作为家具导购人员，经常会遇到多种关于质量问题、交货期问题、安装问题、服务态度问题等方面的投诉或抱怨。

导购员在面对投诉或抱怨时容易犯两种错误：一是观念不对，认为卖产品才是自己最重要的工作，在对待顾客的投诉或抱怨时，常常表现得没有耐心，从而导致顾客的抱怨心理加大。二是技巧不够，不懂得理解顾客的情绪，在顾客投诉或抱怨时只看到事实，而没有关注顾客的情感。

因为，顾客投诉或抱怨你的原因，并不一定是你的产品或服务出了什么问题，也许是其他人为的因素或其他不可抗拒的因素导致产品受到了损伤。这时候顾客对你投诉或抱怨，一方面是为了发泄心中的怨气，另一方面是希望找到补救的方式，尽管顾客知道这不在你的责任范围之内。

这时候，如果导购人员仅仅与顾客探讨事实，而不能理解顾客的心理和情感，只会让事情变得更难处理。因此，在面对顾客的投诉或抱怨时，可以采用以下方法。

销售冠军的策略

☞ 把处理顾客投诉或抱怨放在第一位。

☞ 运用四个步骤来处理顾客的投诉或抱怨。

第一步骤：鼓励顾客把事情说出来，如“请问发生了什么事？”

第二步骤：表达同理心，理解顾客的感受，如“这真是一件让人难过的事”“这的确为您带来了一些麻烦”。

第三步骤：表示歉意，“为这件事我们真的很抱歉！”

第四步骤：提出解决方案，“我们不如这样……您看怎样？”

实例解读：

顾客	喂？找一下李小姐！ [顾客气愤地打电话找导购员李小姐]
导购员	您好，我就是！有什么可以帮您？
顾客	我在前几天买了你们的家具，我姓汪，你们产品的质量也太差了吧，昨天收到你们发过来的货，今天安装工打开包装一看，衣柜的门板全部变形了，还有两块都破了，你们还是大品牌呢，竟然质量这么差！我看你怎么给我处理？
导购员	您是北城的汪大姐，我记得您在我们这里购买了全套家具。 [导购员开始查看这位顾客的销售合同]

顾客	开始我很相信你这个品牌，所以一下就订了两三万元的货，到现在出现这种问题，你要给我换掉才行！
导购员	汪大姐，我看了订单，您是外地订货，产品是您自己委托货运公司送过去的，之前我也说过，货运公司在运输过程中出现的任何问题我们不负责任，这个您是知道的对吧！［按事实来说，这不是卖方的责任。导购员处理这问题时，只看到了事实，而没有理解顾客的情绪］
顾客	如果是一点点质量问题，我也不找你了，但是这是几千块钱的东西，你不负责任可不行，你必须给我换了！
导购员	对不起，我得按规定处理，如果是我们的因素，我一定给您换货。
顾客	我不管你什么规定，如果你不给我换我就全部退货！
导购员	在订货合同上也写得很清楚，这完全不是我们的责任，退货更是不可能，对不起现在我很忙，您还有什么事吗？ ［导购员开始控制不住自己的情绪，想要挂电话了］
顾客	你忙我就不忙吗？我明天过来找你们经理，哪里有这种事！ ［顾客生气地挂掉电话］

这位导购员就正好犯下了前面所说的两个错误：一是心态不对，对顾客的投诉和抱怨不重视，表现得没有耐心；二是处理问题的方法不对，忽略了顾客的心理感受，激起了顾客的愤怒，造成了更严重的后果。尽管从事理上来说，导购员的逻辑没有错误，然而顾客是上帝，有时候是不可以和上帝谈逻辑的。

显然顾客不会就此罢休，于是第二天顾客带着非常气愤的心情，来到专卖店。那时我正好在场，作为销售部门经理，我接待了这位顾客。

顾客	吴经理，你们那个姓李的导购员太差劲了，哪里有这样的服务态度！我买的衣柜一打开包装就是坏的，像这样的情况也要给我一个合理的解释对吧？ [可以判断出顾客心里明白这件事的责任在货运公司，打电话投诉只是一种情绪的转移，希望能够得到对方的帮助和理解]
笔者	您好！请坐！请问怎么称呼您？[微笑，热情]
顾客	我姓汪。
笔者	汪大姐，您都遇到了哪些问题呢？ [让顾客把心中的怨气说出来]
顾客	我在月初来你们这里买了好几万块钱的家具，昨天货到后，安装工人把包装一打开就看到衣柜的门板全部坏了。我就打电话到这里找那个导购员，那导购员说不关你们的事，要我找运输公司，我就觉得这种做法不对！
笔者	这真是为您带来了不少麻烦！又害得您再跑一趟！ [表达同理心]
顾客	我在买你们产品的时候就是看你们是名牌，厂家有实力，所以一下子就买了这么多。可是你现在出了问题，你得给我一个交代吧，可是你们导购员都不想管，这事谁也会很生气，是不是？

笔者	汪大姐，我理解您的感受，为这事真的很抱歉！这几块门板都不可以用了吗？ [鼓励顾客把不满说出来]
顾客	用不了，有一边翘很高，还有几块不但一边翘起来，而且边上破了一块，根本没有用了！
笔者	我知道了，衣柜其他部位和其他产品都没问题吧？ [让顾客看好的一面，这是一种改变顾客情绪的技巧]
顾客	其他都没有问题。
笔者	汪大姐，我们后期一定保证为您提供更好的服务，除了那些问题之外，还有其他什么问题吗？
顾客	吴经理，你们那个导购员不行，工作态度不好！
笔者	我知道，谢谢您的建议，当然我们会在这方面进行改善和提高的，等一下我会让她过来向您道歉。汪大姐，让您今天跑这么远真是很对不起，这里有一份礼品送给您，希望您能够理解我们。对于损坏的产品，我会协助您打电话给货运公司，让货运公司负起该负的责任，怎么样？
顾客	谢谢吴经理，货运公司那边我等一下找熟人帮帮忙，之后我再重新买几块门板吧。

自我检讨

46 塑造产品价值的秘诀

如果你想成为一名优秀的导购人员，必须学会如何停止讨价还价。讨价还价的能力不等于销售能力。

在顾客想要讨价还价之前就打消他的念头，并让顾客感觉到你的产品确实物超所值。这要求导购人员必须懂得如何塑造产品价值。

你是否遇到过某位顾客为了争取两个点的折扣，和你折腾 6 个小时？你是否遇到过某位顾客为了砍掉八十几块的零头，还专门请人过来和你唇枪舌剑？

如果你经常遇到这种顾客，我恭喜你，因为他们才是真正想要购买你产品的顾客。

塑造产品价值的高手

有一天，我接到中国移动打来的电话：“您好！吴先生吗？我是中国移动公司，有没有打扰到您？”

我说没问题。她说："吴先生，中国移动公司最新推出了'随E行'电脑无线上网服务，相信这种服务对您有帮助，我可以借用您一点时间，为您简单介绍一下吗？"

我说可以。然后她说："随E行是一种无线上网服务，使用笔记本电脑的客户可以在高速公路、机场或是其他地方随时连接互联网、浏览网页、收发电子邮件、获取所需信息等等。吴先生，您会不会经常出差呢？"

我说会。她说："当您出差的时候，经常遇到等车等飞机的情况，有时候也会在高速公路上度过几个小时，对吧？其实这些时间通常都被我们浪费了，如果每天浪费几个小时在这些事情上，算下来是一种极大的损失，您说是不是？"

我说没错。她继续对我说："如果您随时随地利用这些时间浏览网页、收发电子邮件、在线获取所需信息，就可以把正式时间用来处理更重要的事情，对吗？"

我说是这样。她说："随E行就是一种可以为您节省更多时间、获取更多机会的服务，您每天只需要投资6角钱左右，每月200块，就可以随时随地使用了。"

你有没有觉得这位推销"随E行"无线上网服务的销售人员很擅长塑造产品的价值呢？当然。

她在告诉顾客产品的价格之前，就已经让顾客清楚地认识到了产品的价值，并且让顾客认同并喜欢了这种产品。

在这样的基础上，只要产品的价格在顾客可以接受的范围之内，达成销售通常不会有太大的困难。

价值是无价的

现在，回头分析一下那位推销“随E行”的销售人员到底为产品塑造了什么样的价值呢？这是一个非常关键的问题，也是你必须明白的一个问题，我请你暂时不要往下看结果，先认真地想一想并试着找出答案，然后再想一想你所销售的产品的价值又是什么。这将有助于你的销售技能提升。

因为时间是无价的，所以，那位销售人员销售的产品也是无价的。她告诉顾客这种产品可以让他避免浪费很多时间，为他创造更多的机会，只要顾客是一个时间观念很强的人，只要顾客是一个热爱把握机遇的人，这种产品对他来说就是无价的。

如果要用另外一种方式来说明这种产品的价值，我可以这样回答你：你的时间能为你创造多大的价值，这种产品就有多大的价值。

还记得我在前面讲过的“购买价值观”吗？同样的产品，对一个很珍惜时间的人非常有价值，如果要向一个时间观念不强的人推销“随E行”这种产品怎么办呢？

时间观念不强的人，通常都是喜欢花很多时间在娱乐休闲方面的人。因此，销售人员应该让顾客认识到这种产品能为他带来无比的轻松和快乐，能让他的生活更加丰富和精彩。你也这样认为吗？

塑造产品的价值，有很多种方法。导购员需要针对不同顾客的购买价值观采取不同的方式，哪怕产品是一模一样的。

卖茶叶的人，因为告诉顾客这种茶叶来自一座带有灵气的山峰，这座山峰一年365天被浓雾环绕，所以他的茶叶能够卖出20倍的价格。

卖汽车的人，告诉顾客这种车的发动机为原装进口，因而顾客更加信赖这种汽车。

卖过桥米线的人，给顾客讲述一个古老而感人的故事，因而这碗米线能够让顾客回味无穷。

这就是塑造产品价值。

怎样为一套家具塑造价值呢？价值就是好处，是一种能为顾客带来多种方便、快乐、安全或受人尊重的感觉，如果你能够让顾客非常满足于这种感觉，并且非常愿意花钱拥有这种感觉，这时产品的价值就塑造出来了。

塑造产品价值的三个步骤

☞ 首先，要清楚地了解，对于这位顾客来说，他的购买价值观是什么。

☞ 然后，用通俗简明的语言，把顾客需要的这种好处说到他的心里去，并让他在头脑里产生拥有这种产品后的美好感觉。

☞ 最后，要让顾客相信，唯有你的产品才能为他带来这种感觉。

完成这几个步骤之后，利用价格分解的方法，让顾客知道每月并不需要投资太多，就可以拥有对他真正有好处的产品。如果顾客依然认为你的产品太贵，你就帮他算一算他每月的电话费吧，用他的电话费与每月花在购买家具上的金额做一个比较，然后你可以准备开单了。

实例解读：

顾客	这一套要 26 万，打多少折？ [一位看起来功成名就的顾客很喜欢这种豪华欧式家具]
导购员	是啊，这种价格一看倒是挺吓人的，不过，只有最好的产品才会卖到最高的价格嘛！
顾客	你这产品再怎么好，也不可能一点折都不打吧？
导购员	我不敢说这种家具在全世界是顶级的，但是它在国内确实是最好的。这种产品完全是意大利原装进口，您知不知道，这种家具限定只能在每个国家的顶级城市销售，并且在数量上还有一定的限制。先生，您认为这样的产品是不是最好的？
顾客	不会这么夸张吧？
导购员	这全部都是事实，还有，意大利总公司对代理这个品牌的公司也有很高的要求，比如，要求经营这种产品的公司最少拥有 200 万美元以上的资产，销售人员和售后服务人员必须是本科以上学历，他们认为只有这样才符合这种产品的档次。
顾客	看来这种产品的档次真的很高。 [顾客认同了产品确实很有价值]
导购员	总公司还要求购买这种产品的顾客必须是像您这样的成功人士，需要拥有别墅的顾客才可以购买，这不正适合您吗？ [实际上这种产品只适合于别墅使用]

顾客	功成名就不敢说，别墅我倒是刚刚买，你们这种产品我是很喜欢，但价格比我预计的高了一些。
导购员	您买了新别墅，真的很羡慕您！那我问一下，您预计的价格是多少呢？
顾客	如果在 20 万左右，我就可以接受。
导购员	就是说在 20 多万也是可以接受的，对吧！ [导购员通过这一句话提高了顾客的预算，并拉近了预算与产品实际价格的距离]
顾客	对！
导购员	先生，对您来说，只有这种顶级的家具才符合您的身份，对吧！您算一下，当您订货之后，意大利厂家专门为您生产，然后还会派意大利服务人员亲自到您家为您安装产品，单是运费和服务人员的差旅费也不少，对吧！花这么多钱买的是一种价值、是一种身份的象征，只有这种产品才能代表您自己，您说是不是？
顾客	是由国外的人来安装产品吗？
导购员	对，总部要求非常严，安装这种家具的工具都是专用的，对技术和服务质量要求很高。
顾客	嗯。[顾客点头了，证明更加认可产品的价值了]
导购员	另外，在您购买了这种产品之后，您还会得到一套意大利公司总裁签名赠送的意大利名画！
顾客	是吗？

导购员	是的。先生，您想象一下，在您的新别墅里面摆放这种高贵有档次的名流家具，再以一些经典名画或其他艺术品为装饰品，并配上欧式风格的灯饰，这种感觉一定非常好、非常与众不同，对吧！［停顿］在这样的环境里面生活，全家人都会很愉快很幸福，您说是不是？ ［塑造出一种感性价值］

各位导购员朋友，从这个案例你可以看出，这位导购员在塑造产品价值的时候用到了多种方法，比如原材料、国外的安装人员、本科学历的导购人员和服务人员、总裁签名的名画、无可取代的品质等等。另外，她在最后又用到了塑造感性价值的方法，向顾客勾勒出一副美好的拥有产品后的景象。

这就是一些塑造产品价值的方法。需要说明的是，并不是说只有非常高档的家具才可以把价值塑造出来。

只要导购员经常分析顾客的心理，不断完善销售说辞，就可以找出塑造任何一种产品价值的方法。

自我检讨

\- -

\- -

\- -

\- -

\- -

JIAJUYINGXIAO

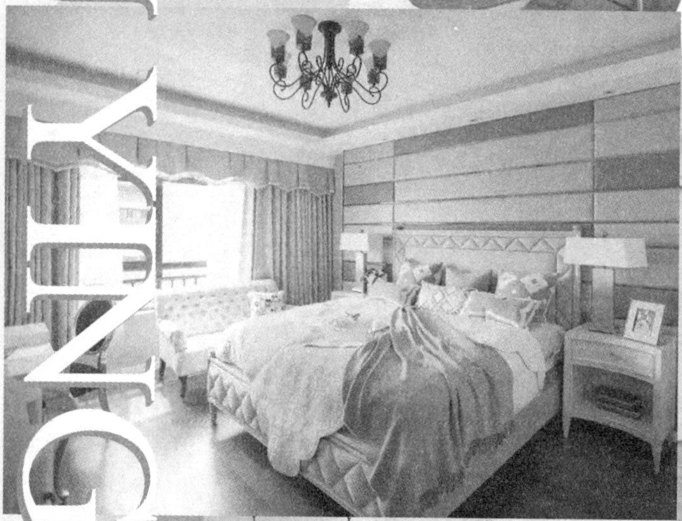

第6部分

销量倍增的永恒法则

这一部分的内容，一定会带给你新的收获和惊喜。尽管这里所分享的技巧非常独特新颖，但也绝对不是在每个人身上都有效。对于销售能力有了一定基础的人来说，这些方法会让你感到兴奋。

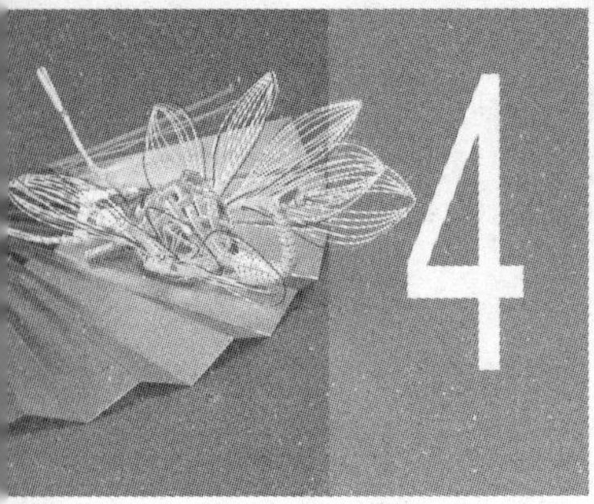

47 卖家具就是讲故事

当顾客进到专卖店看家具的时候，大多数导购员习惯于向顾客介绍产品的材料、做工、售后服务及价格。当顾客问到导购员某些问题的时候，导购员通常采用平铺直叙的方式，直接回答顾客提问。

这似乎没有什么不对的地方。但是，优秀的导购员和普通的导购员就是从这些地方产生了差距。

讲故事就是一种很好的推销方法。因为活生生的故事总比培训手册上那些干巴巴的文字要动听得多。顾客听着舒服，导购员讲着也不累。要让销售能力提高，从现在开始学会为顾客讲故事吧。

实例解读：

顾客	你们产品质量怎么样？

导购员	先生，前几天我们这里来了一个顾客，不到一个小时就订购了价值 1 万多块的家具，你知道他为什么看都不用多看就买下这么多家具吗？［停顿］因为在他五年前结婚的时候，购买了一套我们的家具，在他使用这套家具的过程中，对产品的品质和售后服务都非常满意……

顾客	如果在使用过程中出现了质量问题，你们怎么处理？
导购员	先生，就在上个月，有一位姓刘的顾客打电话给我，因为他家的衣柜不小心被撞到而掉了油漆，所以要求我们去帮他修理。当时他打电话给我的时候是下午一点多，不到三点钟，我们的售后服务人员就到了他家，很快为他解决了问题。因为他对我们的服务态度和服务速度非常认可，没过几天，他介绍他的亲戚也来我们这里购买了家具……

顾客	你们产品是好，就是价格太高了！
导购员	对呀，前天有一个刘先生来我们这里，他的看法和您一样，特别喜欢我们的产品，只是认为有一点贵。他后来跑去很多地方比较，比来比去，昨天还是买了我们的产品。实际上在我们这里买东西的顾客，有 40% 的人一开始就和您的看法一样，但后来还是选择了我们的产品。您知道为什么吗？……

看到了吗？讲故事比背诵培训手册要有意思多了！实际上顾客问你的任何问题，你都可以用故事的形式来给他一个满意的答复。因此，建

议你在平时多收集一些有代表性的、有说服力的小故事，它们是你增加业绩的有效工具。

自我检讨

48 让顾客改变主意的技巧

顾客产生新的需求，是因为他对以前的某些地方不满意，这种不满意形成了一种痛苦。没有痛苦就没有需求，所以说没有痛苦的顾客是不会购买家具的。

顾客不买你的产品而选择竞争对手的产品，往往是因为竞争对手的产品或服务能够让他得到更多的快乐，同时能让他避免更多的痛苦。

你想让顾客选择你的产品而不选择竞争对手的产品，你就需要让顾客感觉到购买你的产品可以让他得到更多快乐，而不购买你的产品会让他得到更多痛苦。

换句话说，你要让顾客感觉到选择竞争对手的产品会为他带来很多痛苦和麻烦，而选择你的产品可以让他避免这些痛苦和麻烦。

这是一种特别的技巧，这是成交的秘诀之一。为了便于你的理解，下面通过一个案例说明。

实例解读：

在这个案例中，顾客原本想要购买价格更便宜的另外一个品牌，经过导购员的说服，顾客后来多花 2000 多元选择了她的产品。采用了什么方法呢？这位导购员用到了一个关键的技巧：选择竞争对手的产品等于无比的痛苦，选择我的产品可以解除这些痛苦。

顾客	你这一套家具要 13000 元？太贵了吧！
导购员	孙小姐，您说我们的家具太贵，是跟其他的品牌相比较而言吗？
顾客	我刚才看了 D 品牌的家具，同样的一套才 10000 元左右。这样的话我就买 D 品牌算了。
导购员	我建议您多比较一下，不要这么急就做决定。您今天是第一次出来看家具还是看过好几次了？ [这样的提问可以了解到顾客大概会在什么时候做出购买的决定]
顾客	我都看过好几次了。
导购员	那么您感觉哪一个品牌比较适合您呢？
顾客	我打算花 10000 元左右来买家具，可能 D 品牌比较适合吧。
导购员	您说 D 品牌比较适合，是指价格方面适合，还是对产品的品质方面比较满意？
顾客	价格不太贵，产品也还不错！

导购员	孙小姐，您说D品牌产品不错，请问一下，您最看好D品牌的哪几方面？ [通过提问了解顾客的需求和看法]
顾客	我感觉颜色和设计都挺好，质量也不错。 [证明这位顾客买家具时非常重视产品的颜色、风格和质量]
导购员	很多人都认为家具的质量难以判断，通常您是怎样判断家具的质量呢？ [通过了解顾客如何判断产品的质量，可以知道这位顾客对家具的认识水平，从而找到说服顾客的着力点]
顾客	D品牌的家具我看过好几次了，感觉还是不错的。 [顾客认可这种产品的原因是凭感觉，证明顾客对产品的认识并不是很理性]
导购员	孙小姐，以我卖家具几年的经验，在这里为您提一点建议，以便帮助您选择到真正值得您花钱的家具，好吗？
顾客	你是建议我买你的家具吧？
导购员	我给您的建议一定是中肯的，因为我不希望顾客买过东西之后就后悔。您认为家具的环保性重不重要？
顾客	环保性当然很重要。
导购员	假如您买错，买回家的家具有环保问题，会为您的家人带来什么样的后果？ [给顾客痛苦]
顾客	[不说话]

导购员	只要家里任何一个人的健康受到家具不环保的影响，所付出的代价一定会超出这套家具本身，您认为呢？ ［给顾客痛苦］
顾客	是。
导购员	而且，一般人很难从外观来判断家具的质量，因为市场上有很多质量不合格的家具，从外表上看来也是很不错的。
顾客	是啊，我们买家具的时候就是担心这个问题。
导购员	质量不好的家具在用过一段时间之后，就会出现掉漆、脱皮、破裂或变形等问题，您想想，买一套家具不用十年也要用八年吧，在这么长的时间里，每天看着这些有问题的家具，心理一定不舒服，是吧！ ［给顾客痛苦］
顾客	嗯！
导购员	如果这个公司的服务好也还算幸运，可是通常来说，产品质量做不好的企业，在服务上也好不到哪里去。 ［给顾客痛苦］
顾客	［不说话，点头认可导购员的说法］
导购员	对于买家具来说，通常有实力和规模的企业还是可以保障产品的品质和服务的。因为在家具行业，有规模的知名企业不是很多，其他都是一些小厂，小厂连生存都比较困难，在质量和服务上就更难做到了。孙小姐，您是不是这样看？
顾客	买知名的品牌还是放心些！我有一个朋友去年买了一套家具，到现在已经坏了好几个地方了。

导购员	实际上，也不是每一个知名品牌质量都很好，买的时候多参考一下别人的意见最好，您说是不是？
顾客	对！
导购员	孙小姐，所以说您在选择家具的时候，一定要把产品的环保性、品质和服务以及这个企业的实力考虑进去，这样才能让您在十几年的使用过程中放心和安心，对吗？
顾客	[点头认可]
导购员	如果有这样的一套家具，产品的颜色、风格您都很喜欢，质量和服务有保障，而且绝对环保，您愿不愿意选择？
顾客	那要看价格怎么样？
导购员	与购买那些品质和服务没有保障的小牌子相比，多投资2000或3000块钱，买回十几年的安心和保障，您一定会觉得很值得，对不对？

自我检讨

\- -

\- -

\- -

\- -

\- -

\- -

49 把产品卖给任何人的方法

麦克:“比尔,你穿多大的西装?”麦克打量着比尔的身材……

麦克:“比尔,想必你一定知道,以你的身材想挑一件合身的衣服,恐怕不容易,起码衣服的腰围就要做一些修改。请问你所穿的西装都是在哪儿买的?”

麦克强调市面上的成衣很少有买来不修改就适合比尔穿的。他还向比尔询问所穿的西装是在哪一家买的,借此,麦克了解他的竞争对手是谁。

比尔:“近几年来,我所穿西服都是在梅尔兄弟公司买的。”

麦克:“梅尔兄弟公司的信誉不错。”

麦克从不在客户面前批评竞争对手,他总是说竞争对手的好话,或是保持沉默。

比尔:“我很喜欢这家公司。但是,麦克,正像你说的,我实在很难抽出时间挑选适合我穿的衣服。”

麦克;“其实,许多人都有这种烦恼。要挑选一个自己喜欢,适合自己身材的衣服比较难。再说，到处逛商店去挑选衣服也是件累人的事。本公司有4000多种布料和式样供你选择。我会根据你的喜好，挑出几种料子供你选择。”

麦克强调，卖成衣不如定做的好。

麦克：“你穿的衣服都是以什么价钱买的?”

麦克觉得现在该是提价钱的时候了。

比尔：“一般都是400元左右。你卖的西服多少钱?”

麦克：“从375元到800元都有。这其中有你所希望的价位。”

麦克说出产品的价位，但只点到为止，没有做进一步说明。

麦克：“我能给顾客带来许多方便。他们不出门能就买到所需的衣服。我一年访问顾客两次，了解他们有什么需要或困难。顾客也可以随时找到我。”

麦克强调他能为顾客解决烦恼，带来方便。麦克的客户多是企业的高级主管，他们主要关心方便。

麦克：“比尔，你很清楚，现在一般人如果受到良好的服务，会令他受宠若惊，他会认为服务的背后是否隐藏着什么其他条件。这真是一个可叹的事。我服务顾客很彻底，彻底到使顾客不好意思找其他的厂商，而这也是我殷勤服务顾客的目的。比尔，你同意我的看法吗?”

麦克强调“服务”，因为，他相信几乎每一位企业的高级主管都很强调“服务”。所以，麦克在谈话末了以“你同意我的看法吗”这句话来引导比尔的回答，麦克有把握让比尔做出肯定的回答。

比尔：“当然，我同意你的看法。我最喜欢具有良好服务的厂商。但现在这种有良好服务的厂商越来越少了。”

麦克觉得比尔的想法逐渐和自己的想法一致。

麦克："提到服务，本公司有一套很好的服务计划。假如你的衣服有了破损、烧坏的情形，你只要打电话，我立即上门服务。"

由于比尔重视服务，所以麦克向比尔提起公司有一套很好的服务计划，能解决比尔的烦恼。

比尔："是啊，我有一件海蓝色西装，是几年前买的，我很喜欢，但现在搁在家里一直没有穿。因为近几年我的体重逐年减轻，这套西装穿起来就有点肥。我想把这套西装修改得小一点。"

麦克记住了比尔的话：比尔有一套海蓝色的西装需要修改。

麦克："比尔，我希望你给我业务上的支持。我将提供你需要的一切服务。我希望在生意上跟你保持长久的往来，永远替你服务。"

麦克不再犹豫，直截了当地向比尔表示，希望比尔"买他的东西"，并强调能提供良好的服务。

比尔："麦克，什么时候让我看看样品？"[比尔看了看手腕上的表，向麦克暗示他的时间有限]

比尔想看麦克的样品，麦克虽然准备了很多样品放在包里，但他还不打算拿出来。他想做进一步的询问，希望了解比尔的真正需要。在了解比尔的真正需求以后，才是拿出样品的最佳时机。

麦克："你对衣服是否还有其他的偏爱？"

麦克想知道比尔对衣服的质量和价格的看法。

比尔："我的西装都是梅尔兄弟公司出品的，我也喜欢剑桥出品的西服。"

麦克："剑桥的衣服不错。比尔，以你目前的商业地位来说，海蓝色西装很适合你穿。你有几套海蓝色的西装？"

由于比尔没有主动说出他所拥有的西装，麦克只好逐一询问比尔的每一套西装。麦克想了解比尔的真正需求。

比尔："只有一套，就是先前向你提过的那一套。"

麦克："比尔，谈谈你的灰色西装吧。你有几套灰色西装？"

比尔："我有一套，很少穿。"

麦克："你还有其他西装吗？"

比尔："没有了。"

麦克："我现在拿出一些样品给你看。如果你想到还有没提到的西装，请立即告诉我。"麦克边说边打开公文包，拿出一些样品放在桌上。

到目前为止，麦克一直以发问的方式寻求比尔真正的需要，同时也在发问中表现出了一切为客户着想的热忱，使比尔在不知不觉中做了很好的配合，创造了良好的谈话气氛。

麦克的推销绝招

麦克向客户提出了许多问题，以寻求顾客真正的需求，然后才展示商品，进行商品的推销。

推销专家一致认为，在从事商品推销以前，先"发觉客户的需要"是极为重要的事。

谢飞洛和哈德曼认为，了解客户需求以后，可以根据需求的类别和大小判定眼前的客户是不是自己的潜在客户，值不值得推销。如果不是自己的潜在客户，就应该考虑：还要再跟客户谈下去吗？

玛丽·凯说："不了解客户的需求，好比在黑暗中走路，白费力气又看不到结果。"

坎多尔弗说：“我问客户许多问题，以便发觉客户的真正需求。我倾听客户的回答，让客户尽量表示意见。有些推销员一见到顾客就滔滔不绝地说个不停，让客户完全失去了表达意见的机会，使客户感到厌烦。一旦客户厌烦，不用说，推销员的推销注定要失败。”

为了发觉客户的需求，需要耗用多少时间向客户问问题呢？推销专家认为，这要看推销的是什么商品。通常商品的价值越大，所需要的时间越长；商品的价值越小，所需的时间越短。

在本例中，麦克每问完一个问题，总是以专注的态度倾听客户的回答。谢飞洛说：“倾听客户的回答，可以使客户有一种被尊重的感觉。我喜欢麦克重视客户意见的态度。”

玛丽·凯说：“许多推销员常常忘记，倾听是相互有效沟通的重要因素，他们在客户面前滔滔不绝，完全不在意客户的反应，结果平白失去了发觉顾客需求的机会。上帝给我们两只耳朵，一个嘴巴，就是要我们多听少讲。”

玛丽·凯把“发觉客户的需求”比作“医生替病人看病”。她说：“好的医生在医疗之前一定会问病人许多问题。譬如，医生会问：你什么时候开始感到背部疼？那时你正在做什么？有没有吃了什么东西？摸你这个地方会疼吗？躺下来会痛吗？爬楼梯的时候会痛吗……这些问话使病人觉得受到了医生的关心和重视，也使病人跟医生密切配合，让医生迅速找到病源而对症下药。能够扮演好医生，使客户愿意密切配合，进而迅速发觉客户真正的需要而适时地给予满足的，才是一位卓越的推销员。”

自我检讨

50 怎样问话最有效

在本书的前面部分，谈到了作为一名销售人员，需要用不断提问的方式引导顾客，使其把自己的需求、疑虑、问题说出来。通过了解顾客的需求、异议、问题，你就可以有针对性地进行快速说服。

然而，在销售过程中，我们不可能每一句话都是以问号结尾，要把产品卖出去，我们还需要听顾客讲话，还需要向顾客陈述。向顾客提问固然重要，但也不可以忽略说和听。那么，在说服顾客购买产品的过程中，如何把握“问、听、说”的关键呢？

“问、听、说”与顾客需求

在销售的过程中，需要通过不断地提问，让顾客把顾虑说出来。但是，在这一过程中，往往又会陷入另一个误区，即只有问、听，而没有说，销售人员只是机械地向顾客提问，顾客回答之后，销售人员又开始提出另一个问题，在这样的互动过程中，容易使顾客感觉是审问和被审问的过程，从而不利于销售。

其实，在问和听之间还是应该适当增加“说”的成分。说是一种在互动过程中的增加双方情感的手段。例如当你问：“你今年多大了?”顾客回答：“35 岁。”如果你此时说一句“你看起来只有 30 岁”，客户一定会很高兴，更愿意向你说出他的真实想法。

“问、听、说”三者之间构成了一个三角循环（如下图），在这个三角形的中间区域是顾客真正关心的需求，这是销售人员在“问、听、说”过程中要把握的细节。但是有些销售人员在提问时，没有围绕顾客的需求，从而导致说服无力。

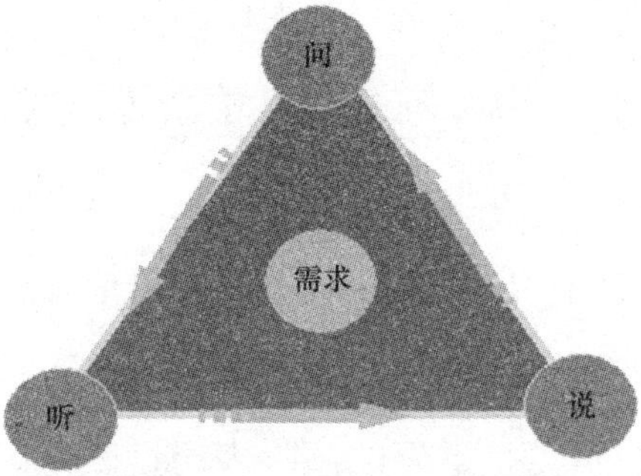

顶尖销售问、听、说三角循环模型

“问、听、说”这三个环节，是你能否成为一个顶尖导购员的关键环节，你只有懂得了怎么问、怎么听、怎么说，才能够把握顾客的真正需求，才能不断地化解顾客的问题，才能触摸到顾客的真实想法，从而为顾客提供有效的解决方案——真正适合顾客的家具。

“问、听、说”的比例

在现实销售中，很多导购人员采用了错误的方法，为顾客解说占

90%，听顾客讲话占 5%，问顾客问题占 5%，如此低的问和听的比例，是没有办法了解到顾客的真正需求的。

在正确的销售沟通模式中，“问、听、说”的比例应该为 20%、65%、15%。问问题的时间占总时间的 20%，听顾客讲话占 65%，说的时间占 15%。

“问、听、说”的顺序

对于每一个单次销售谈判的过程来说，大体的顺序为：先用问，再用听，最后用说。当然，这只是一个大体的模式，并不是说在开始的时候只可以提问，而不可以说。只是说一开始应该以提问为主。

怎样听顾客讲话呢？在此主要说三点：一是在顾客说话的时候，你要把心放在顾客的身上，而不要一边听顾客讲话，一边在头脑里面思考下一步该如何说服顾客；二是听顾客讲话的时候，不要打断他，不要发出声音，微笑及点头示意是最好的倾听表现；三是记住顾客说的话，并确认不明确的地方。

自我检讨

\- -

\- -

\- -

\- -

\- -

51 达成销售的前提条件

各位朋友，如果你去买一套衣服，假如你以前不了解这个服装品牌，你是先喜欢这套衣服之后才相信它，还是先相信这套衣服之后才喜欢它？

如果你交一个朋友，假如你以前没有听说过这个人，你是先喜欢他之后才相信他，还是先相信他之后才喜欢他？

答案是：只有你先喜欢一个东西之后，才会相信它，如果你不喜欢它，你又怎样相信它呢？你会相信一个你讨厌的东西吗？所以，在顾客还不相信产品之前，你要先让顾客喜欢你的产品。

因此，在这里我不教你如何让顾客相信你的产品，而是告诉你如何让顾客更喜欢你的产品。只有在顾客非常喜欢你的产品之后，他才会对你的产品产生信任。

因此，请各位朋友记住这句话：

只有你200%喜欢自己的产品，顾客才会喜欢你的产品。

销售是一种情绪的转移，是一种信心的转移。你自己是什么情绪，顾客就会被传递什么情绪；你对产品有多少信心，顾客对你的产品就有多少信心。当顾客感受到你对产品的这种热爱和信心之后，他才会喜欢并相信你的产品。

假如你是一位销售汽车的导购员，你对自己所销售的产品没有一点兴趣，你根本不喜欢自己的产品，要命的是，你对竞争对手的汽车加倍仰慕。请问，这个时候你还会相信自己所销售的产品吗？你还会认为如果顾客不买你的汽车完全是他的损失吗？你还会全力以赴让顾客更加了解你产品的优势吗？当你对自己的产品不感兴趣、没有信心的时候，顾客又怎样相信你的产品？

我记得有一次去商场，一个卖手表的专柜吸引了我的注意。我看到有一块黑色手表很不错，就请营业员把它取出来。你知道这位营业员是怎样做的吗？

她一边打开柜门，一边充满活力地对我说："哇！先生，我也很喜欢这块表!"

就是这一句话，不但让我更加喜欢这块手表，而且也让我更加喜欢这个人。

她把柜门打开之后，先取出一块看起来质感很好的软布，把它展开放在台面的中间，并把这块布上的细小灰尘吹掉，然后，双手把这块手表取出放在这块布上，热情地对我说："先生，您可以试试!"我在想，她都怕这块手表沾上灰尘，还能让我试用吗？原来这就是做上帝的感觉！我试了试，了解了一下价格，对她说："这块表很不错，我以后再来吧!"（因为我当时并没有打算购买手表）她很乐意地对我说："好啊，什么时候来都行!"

然后，我把手表还给她，她并没有直接把它放进柜台里面，而是又取出了一块洁白的软布，左手拿表，右手用那块白布轻轻地擦拭，然后，她再把这块表放回原来的地方。

一个星期之后，我真的买回了这块手表。

这与那位营业员如此喜欢她的产品有极大的关系。想象一下，假如当我让她把手表拿给我看的时候，她只是粗鲁地把手表扔在柜台上，等我看完后再把它扔回原来的位置，这样会有什么结果？

哪怕是再高档的产品，经过这样的对待之后，其价值必然会受到影响。

你的感悟

52 被淹没的销售技巧

在多年前我销售汽车的时候，参加了一次顶尖的销售训练课程，这次课程让我印象最深的一个销售秘诀就是运用自己的想象力。那位培训师告诉我们，在销售产品的时候，要想象顾客一定会购买自己的产品。

训练课程完毕后，我开始实践这位大师所授的技巧。在我运用这种方法的第一个星期，并没有看到任何的效果。然而，我并没有因此而沮丧。

一方面，虽然没能通过运用这种方法增加我的销售量，但是我发现这种方法让我在工作中很自然地变得更加积极和快乐；另一方面，我知道这种方法没有在我身上产生效果是因为我还没有应用到非常熟练的地步。

到第二个星期，我更加认真地应用这种技巧，但我还是没有卖出一辆汽车。到了第三个星期的星期天，我接待了一位先生。

当这位先生走向展厅的时候，我就开始想象这位顾客已经来过这里好几次，并且对进口商务车很有兴趣，他今天就是来付款提车的。

我愉快地走过去向这位先生打招呼："先生您好！"他说："你好！"我看他开始注意一款进口商务车的时候，马上问他："先生，我记得您来这里看过这部车，而且您很喜欢这个款式，是吗？"其实他是第一次来，这只是想象他来过。他说："我是第一次来这里，不过我在其他地方看过这款车。"

我的想象没有错，他如果不喜欢这款车，就不会再次花时间来关注这款车，对吗？我继续想象：他的确很喜欢这辆车，之所以还没有做决定是因为还不是非常了解产品。

于是，我就用热心的态度去了解他的深层需求，并且用非常专业的知识向他介绍了这款汽车的优势和好处。当我介绍完产品之后，我又开始想象这款汽车是最适合他的，他马上就会做决定购买。

我说："先生，您也知道，只有这款车最适合您，对吗？"他说："你最少就是这个价吗？"

怎么样？他对产品没有什么大问题了，只要价格能够接受，他就可能购买。这时，我想象他并不是特别在乎几千块的差价，他只是想尝试以更低的价购买到这款汽车而已。

我说："先生，对您这种真正有心买车的顾客，我给您的一定是最低价，不信我可以给您看以前的销售单！"

各位朋友，他那天并没有购买我的汽车。

但是第二天一大早，这位顾客把这辆车买走了。

从那次以后，我经常使用这种方法，并且这种方法让我的业绩提升了3倍以上。

为什么想象力的力量这么大呢？道理很简单，当你把事情往积极的一面想象时，你的情绪就会转向积极的一面，因而你所表现出来的行为也是积极的，这种积极的行为直接地影响到了顾客的行为。

相反，当你把事情往消极失败的一面想象时，你的心情是低落的，你的表情是冰冷的，你的语言是无力的，你的行为是僵化的。

销售是一种情绪的转移。在这样的环境中，顾客难以喜欢你这个人，更加难以信赖你的产品，因此，他也难以做出成交的决定。

你的感悟

53 神秘的催眠式销售技巧

在世界催眠大师马修史维的催眠式销售训练课程中，他在课程开始时告诉大家："今天，我不是教你们如何催眠，而是教你们赚钱的方法……在课程结尾时，我除了讲述如何说服他人之外，我还要大胆地预言，在下课之前我可以说服各位，可能是一部分人，或者全部，你们将会同意跟我买东西，买你们平常不要的东西，而且你们还会满怀感激。"

催眠不只是通常所理解的帮助失眠患者快速入睡的方法，它还是一种说服他人、影响他人的技巧。当你通过熟练的技巧影响或引导了顾客，这位顾客就是被你催眠说服了。如果你想在销售工作中有效说服对方，就必须要学习使用催眠式销售技巧。

联想指令

这种技巧有两个最大的好处，一是可以快速地把顾客的好感与自己的产品链接在一起；二是可以快速地把顾客负面的想法转移到其他地方。下面我们分别以例子说明：

当顾客来到你的展厅，当他关注一套卧房系列产品或是其他什么产品的时候，你可以用这样的语言向对方发出指令："您曾经有没有看到什么家具的时候，就像现在一样，一看见这种家具就非常喜欢呢？"

注意，你这样的提问，其实是在问顾客喜不喜欢你的产品，通过强调"现在"，使对方把他对以前所看到过的某种喜欢的产品的那种感觉与你的产品联想在一起。这样的问话技巧就是一种催眠销售的技巧，它好过你直接问："您喜欢这套产品吗？"

你是不是有点不明白呢？我再用另外的方式解释一遍。这种暗示顾客联想的问话方式，其实是在引导顾客立刻回忆以前对某种产品"一见倾心"的感觉，当他在回忆的过程中，你要用手指着你的产品。这样，顾客就把这种"一见倾心"的感觉与你的产品联系到了一起。也就是说，现在顾客大脑中对你产品的印象是"一见倾心"的。当然，如果你的产品看上去确实很一般，顾客就会很容易产生一种相反的不良感觉，从而有损于你们之间的信赖感。

我们再来看看联想指令的第二大好处，它可以快速把顾客头脑中的负面想法转移到其他地方。比如，当顾客对你产品的价格有异议并且不断讨价还价时，你可以对顾客说："您曾经有没有过在其他的家具店的时候，一看那种产品就觉得不满意？"

当你这样问过顾客之后，他就会回忆曾经看到别家产品不满意的画面，这样不但可以打乱他讨价还价的惯性和焦点，而且还可以引导他，用别家不好的产品和你的产品进行比较。

命令式指令

在我销售汽车时曾参加了一次大型展览会，其中有一天我被安排发传单。因为很多顾客不愿意接受派发的资料，我有时候会感觉很生气。后来我找到了一种有效的方法，当面前来了一位顾客，我递给他资料可他不接受时，我就再次带着命令的口气对他说："拿着！"没想到他真的接受了。

只到后来我参加了专业销售训练，才知道这也是一种催眠式技巧。可能你已经知道了，这就是命令式指令。

销售家具的过程中，对于那种对你的产品非常满意、和你的关系已经很熟、因为数额不多的差价问题而拖延决策的顾客，你可以运用这种方法，对他说："某某先生，您现在就定下来！""某某小姐，您现在就买！"这是很有效的方法，不过，在你工作的过程中一定要慎重使用，不可以让顾客感觉到你是在命令他。以下带有催眠指令的语句可供参考使用。

"买我的产品，您会很放心的！"

"您就买下来嘛，我帮您写单！"

"现在买，您可以节省差不多一千块！"

"来，李先生，我们赶快把它订下来，过段时间您全家人就可以使用这么好的家具了！"

运用这一技巧的时候，绝对不是对顾客说出这样的语句就可以达到效果的。顾客当时的心情，你和顾客沟通的环境以及你运用这种方法时的声音、语调和肢体动作，决定了你能否达成效果。

地理式指令

在你学习这种技巧之前，需要先理解一个概念：当某一物体进入某一个空间时，这种物体便具备了这个空间的特质。

比如，在一家高档的百货商场里面，营业员给人的感觉总是气质高雅，漂亮大方。而如果让这些营业员换到另外一家低档的百货商场，依然让他们穿同样的衣服，这时候他们给人的感觉就大不一样了。

这是因为空间变了，人的大脑会受到某种特定空间的影响，即便是想象中的空间也是如此。正因为如此，地理式催眠指令在家具销售中才有了运用的空间和机会。

例如：要运用“地理式指令”把一杯水卖出去，你可以这样对客户说：“清爽、舒畅、纯净！”然后把这杯水递给顾客。当你对顾客说出“清爽、舒畅、纯净”这句话的时候，顾客的大脑会自动创造出一副画面，那就是“一杯清爽、舒畅、纯净的水”。所以说，通过这样的技巧，就为这杯水赋予了这样的特质。

通常我们销售产品的方式是直接告诉顾客：“先生，这杯水非常清爽，特别舒畅，无比纯净，你要吗？”

顾客会买吗？通常不会买。为什么呢？顾客不太相信人家告诉他的话。

而通过以上技巧，完全可以消除顾客的意识抗拒，因为销售人员并没有直接说出这杯水怎么样，而是通过一项激发顾客想象力的技巧让顾客自己认为这杯水是这样的。

这时候，顾客很容易购买，因为顾客更容易相信自己。

通过以下案例，你可以学习到在家具销售工作中如何运用地理式着床指令。

实例解读：

顾客	[仔细打量着一套客厅系列产品]
导购员	您仔细感觉感觉吧，您一定会很喜欢的！ [引导顾客感觉，以便给后面的引导创造基础]
顾客	嗯！[继续打量这套产品]
导购员	高雅、高贵、大气！
顾客	[点头，仍然没说话]
导购员	先生，您想象一下，在您的客厅里放一套高雅、高贵的家具，全家人一起在家里闲聊、玩闹，感觉有多好啊！

你的感悟

54 被忽略的秘诀——肢体动作的力量

现在，我要求你和我一起做一个小游戏：假装你现在背对着我，你无法看到我，我站在你的后面，对你说："你的身材真的很好！"这时你的心里一定很高兴，对吗？而现在我要你回头看着我，我依然在对你说着同样的话："你的身材真的很好！"但是，我一边说话的时候一边在摇头，你还会很高兴吗？

你浪费了许多宝贵的资源

在沟通的三要素中，文字只占整体影响力的7%，声音语调占38%，肢体动作占55%。

也许你会为这个数字而惊讶，但这是经过专家证实的结果。你在销售工作的过程中是不是只用到了文字这一种沟通元素呢？如果是这样，你就太过浪费你所拥有的沟通潜力了。

要增加你的说服力，你有必要运用语调和肢体动作的力量。这可能让一些女性导购人员不太习惯，但是只要你多加练习，你也可以自如运用。并且，女士运用合适的肢体动作会让你看起来更有魅力。

记得在前面我们讲过，感觉型或听觉型的顾客一般没有肢体动作，为了配合他们，我们要掌握运用肢体动作的分寸。因此，在这方面大家要掌握一个原则：如何使用肢体语言，要根据顾客的行为和习惯而定。

如果顾客有肢体动作，导购员有必要运用；相反，如果顾客没有肢体动作，你就适可而止，在对方能够接受的范围内运用肢体动作来影响他。

让自己活力起来

前面讲的是在接待顾客的时候如何使用肢体动作，现在我还要和大家分享的是，如何用肢体动作改变你的情绪，让你进入巅峰状态。

在工作过程中，你一定有眼神呆滞、浑身无力、呼吸短促、表情僵硬、信心不足的时候，对吗？

你希望有一些非常简单的方法让你在几分钟之内变成另外一个热情洋溢、信心百倍、活力十足的人吗？如果你希望，请学习下面这些看起来有些愚蠢的方法吧。

第一种方法就是站立起来做拍掌动作。做拍掌动作的时候，一定要用最快的速度，并且在拍掌的时候，想象自己非常兴奋。三分钟之后，可以四处走动一下，想象一些开心的事情，你就已经改变了自己的情绪。

第二种方法更加有效，但是看起来也更加愚蠢。人的脸部有许多块肌肉，通过活动脸部肌肉可以快速改变你的心情。做鬼脸就是最好的方法，几个人在一起做时效果更好，做鬼脸时最好做一些比较夸张的动作。试试吧，你会很快乐的！

对于这些通过肢体动作而改变自己情绪的方法有很多，比如双腿挺直用脚掌快速直立向上跳跃，比如做伸展运动，比如快速移动你的脚步等等。总之，你需要让自己的身体或肌肉动起来。你可以找一种最适合你自己的方法，并每天使用，直到成为你生活中的一部分。

让简单的行为成为成功的习惯

可能你会认为说这些没有意义，是吗？我不认为没有意义，因为这些方法已经成了我每一天工作中或生活中的习惯，这些方法对我的帮助是不可估量的。我能够在这么短的时间内完成两本书的策划、思考、写作和出版工作，正是这些方法让我始终保持在一个好的状态。

就算你的销售技巧特别好，专业知识也很丰富，工作态度也无可挑剔，如果你没有好的心情或情绪，你也很难把产品卖出去，不是吗？

我更加想要告诉你的是，无论你以后是卖家具，还是做其他工作，这些方法对你都有很大的帮助，它确实可以改变你的心情和生活。

人生最大的悲哀就在于不习惯把一些简单实用、能够提高生活品质的方法坚持使用，同意吗？

你的感悟

JIAJU YINGXIAO

第7部分

差异化销售策略

对于不同的家具品牌层次、不同的产品风格或种类、不同购买者的性格和不同档次的家具卖场，导购员需要运用不同的销售技巧和方法。本部分内容对这些不同情况进行了分类和分析，并且分别针对不同的情况，特别分享了多种不同的销售策略。

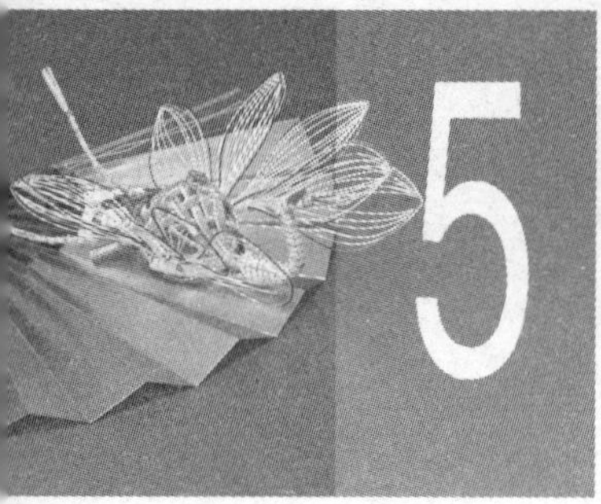

55 不同层次品牌 不同说服策略

随着市场的发展和变化，家具行业逐渐形成了自己的品牌格局。用消费者的话来说，这种格局被称为品牌的档次。举例：在汽车行业，高档品牌有奔驰、宝马、法拉利等；中档品牌有奥迪、别克等；低档品牌有桑塔纳、夏利等。如果你是汽车销售人员，你会用同样的说服策略，销售这三种不同档次的产品吗？显然是不可能的。

作为家具企业的导购员，如何根据自己的产品在行业所处的档次对顾客进行针对性说服，从而实现更多销售业绩呢？

针对性说服的三个要点

☞ 必须对自己和竞争对手的产品处于哪一种品牌档次有一个客观的了解和认识。

☞ 认识到无论处于哪一种品牌档次的产品，都有它自己的优势和卖点。

☞ 必须要知道你销售的产品的优势和卖点是什么。

为了使导购员对家具行业有一个整体的认识，根据行业实际情况，在此把整个民用家具分为四种品牌类型。

民用家具品牌层次分类

品牌层次	特征描述	差异点及关键优势	目标顾客的心理特征
顶级品牌	价格明显高于同类风格的产品，目标顾客为特殊群体，产品品质好，只在经济发达城市销售	尊贵的象征，身份的体现	虚荣心、求名心理强，不注重产品的功能或实用性
中高档品牌	价格略高于中档品牌，目标顾客为中、高收入者，在一、二、三级市场均有销售，产品品质好，知名度高，企业规模大，消费者信赖	知名度高，企业有影响力，品质好，销量大	追求生活品质，讲究品味，对事物有独到的见解，重视品牌形象和知名度，期望产品能符合自己的个性，同时也追求品质、美观和服务
中档品牌	价格略低于中高档品牌，目标顾客为中等收入者和普通工薪一族，同样在一、二、三级市场均有销售，品质稳定	性价比，实惠，优秀的产品及服务	不重视产品的感性价值，追求实用性、注重品质和服务，对价格很敏感，为了省钱愿意牺牲产品的形象或品质

低档品牌	价格非常低廉，品质差，只针对低收入者或乡镇消费者，主要在二、三级市场销售	便宜	低价就是硬道理，产品不好可以先凑合着用，实用主义者

为了更具针对性，在此仅对中高档品牌和中档品牌的关键说服技巧进行讲述。

销售中高档品牌的说服技巧

作为中高档品牌的导购员，你直接面对两类竞争对手：一是同样为中高档品牌的其他企业，二是具有价格优势的中档品牌。

如果你的企业具有上面表格中所说的“知名度高、企业有影响力、品质好、销量大”等关键优势，下面所述的方法以及案例一定可以启发你的思路。如果你的企业不完全如上所说，你需要把本节内容多读几遍，并试着把这些方法与自己的实际情况结合起来，多加练习，再灵活运用。

设计超越竞争对手的销售说辞

找出自己和竞争对手的优劣势，分析竞争对手的导购人员说服顾客的主要策略或方式，再结合自己的实际情况，设计出更有说服力的销售说辞，这样将会让你在说服顾客的时候更加胸有成竹。

举例：如果你的主要竞争对手是以“品质好、服务好”为说服顾客的主要卖点，他们通常会对顾客说：“我们的产品质量好是大家都知道的，您完全可以放心！”“在家具行业，大家都很认可我们产品的品质。”“许多顾客选择我们的产品，就是因为我们的质量和服务好。”

在这种情况下，你需要对竞争对手的这种习惯进行了解，当了解到竞争对手这样的习惯之后，你必须设计出更能让顾客“心动”的销售说辞。有了这样的准备，就可以应付对竞争对手的产品怀有好感的顾客了。

实例解读：

顾客	××品牌的家具质量也非常好！ [顾客刚从竞争对手的店里过来，经过竞争对手导购员的说服，顾客对其产品质量非常认可，在与导购员交谈的过程中，顾客透露出了自己的想法或看法]
导购员	您的眼光真好，您所看的家具一家比一家好！[停顿] 李先生，您说××品牌的质量好，那么您主要看好它的哪方面呢？ [导购员通过提问了解顾客的需求，以便找到说服顾客的支点]
顾客	我感觉他们的质量和服务都不错。 [顾客也说不出具体的原因，可以判断，顾客是因为听了竞争对手导购员的介绍之后，对其产品和服务产生了信任感]

导购员	如果让您在质量和服务都还可以及质量和服务都非常优秀两者之间做选择，您会选择哪一种呢？［停顿］您知道吗？根据统计，每一天在全中国约有550个家庭购买我们的产品，使用我们产品的家庭已经有4万多家了。您想想，有4万多个家庭、十几万人正在使用的产品，会不会让您真正放心呢？ ［这就是超越竞争对手的销售说辞。通过理性加感性的说服技巧，顾客更加容易选择你的产品。导购员需要学会设计此类的说辞，这样才能够成为真正的高手］

特别强调核心优势

在本书的前面章节，特别讲到了企业的规模、历史、影响力、知名度、口碑、责任感、社会贡献等都可以作为产品的独特的销售主张（USP）来增加顾客对品牌的信任，从而达到促进成交的目的。

因此，对于在企业规模、影响力、销售量、知名度、口碑、社会贡献等方面有优势的中高档品牌来说，导购员在说服顾客的过程中，应该特别强调这些优势。

很多人认为，这些所谓的优势难以打动顾客的心，因为很多企业都可以告诉顾客这些。事实上不是这样。大家都有这些优势并不要紧，重要的是你是通过怎样的文字组合、怎样的说服方法来表达。大部分导购员并没有运用到企业所具有的优势，这是你超越竞争对手的机会所在。如下销售说辞可供参考使用。

“从口碑上来讲，我们的产品在国内市场是非常受欢迎和认可的，据统计，占45%的新顾客都是因为老顾客的推荐而购买我们产品的。”

“我们企业是行业唯一一家认养大熊猫的企业，从这方面可以看出我们公司对环保的重视。因此，我们公司在产品的环保性方面绝对是有保障的。”

“对于亮光家具来说，我可以说我们是第一品牌，因为无论在产品的款式、工艺，还是在品质方面，我们都具有极大的优势。[停顿]正因为这样，亮光家具里面，我们的销售量是最大的。”

“我们公司生产家具已经有20多年历史了，20多年来，我们公司始终坚持的就是优秀的产品品质，您可以从我们产品的做工和用户对我们品牌的认可度方面来判断我们的品质是不是真正的好。”

不断塑造产品的价值

在下面举例简要说明导购员是如何通过提问或与顾客对话的方式，来塑造产品的高价值的。

“先生，知名人士都愿意购买的产品，它的品质和档次不会很一般，是吧？”[以第三者见证来表现出产品的价值]

“像您这样有影响力的人，当然要选择最有影响力的家具品牌，您说对吗？”[以成功者的身份来衬托产品的价值]

“在儿童家具领域，我们是公认的权威品牌，这样的产品你才用得放心，对吗？”[用品牌的影响力来表现出产品的价值]

“这种家具是用西非天然乌金木做成的，我们是国内唯一一家使用这种原材料的品牌，这种产品具有极大的收藏价值，很多像您这样的成

功人士都喜欢我们的产品。”［用产品的原材料和唯一性来表现出产品的价值］

尽量不要与顾客讨价还价

尽量把更多的时间用在培养顾客对企业的信赖感以及让顾客认识产品的价值上面，只用最少的时间谈论价格。

顾客：“打几折?”导购员：“先生，买家具最重要的是选对产品，让我们等会儿再说价格的事吧，对于每个顾客最关心的几个方面，我先向您介绍一下，好吗?”

顾客：“人家都打折而你们没有一点折扣，这不太合理吧?”导购员：“表面上的折扣并不代表产品是不是很实惠，我也可以把价格定得很高，然后给您一个看上去很有吸引力的折扣，但我们不会这样做，因为我们是一个正规的品牌。怎样判断是不是一个正规的品牌呢？您要从这个企业的规模、影响力、知名度和口碑等方面来判断，我们公司就是政府部门特别重视并全力培养的一家企业，来，您可以看看这些资料……”

感性说服顾客

别忘了，这类品牌的目标顾客很重视人生品质、追求生活品位、注重产品风格与个人形象或个性的吻合。因此，导购员要善于向顾客描绘一种感性价值，展现一副生活图画或景象。

“方小姐，您想象一下，把这样的产品摆在您的房间里，您的感觉一定是很自由、很清爽！您一定非常喜欢这种感觉，对吗？”

“家具放在家里，更多的是一种艺术品，对吗？每天让自己生活在自己喜欢的空间里，您一定会很享受这样的感觉！”

“只有我们这种真正环保的家具，才能为您的家人提供一个安心快乐的家居环境，是吧！［停顿］您想想，假如不小心买到一套不环保的家具，这样确实会对您的家人带来一些不良的影响。您认为是这样的吗？”

销售中档品牌的说服技巧

作为中档品牌的导购员，你也主要面对两类竞争对手：一是同样为中档品牌的其他企业，二是更有企业实力和品牌知名度优势的中高档品牌。想要提高销售业绩，你如何运用你所具有的“性价比、实惠、优秀的产品及服务”等方面的优势呢？

加强服务

高品质的服务可以弥补品牌影响力的不足，你要把高品质的服务从一些微小的细节方面体现出来。比如：始终充满活力，用微笑和热情包围顾客；记住顾客的名字并在下次见面时马上叫出来；沟通过程中表现得有礼有节；不厌其烦地为顾客提供他们想要的任何信息；等等。这些细节正是竞争对手最容易忽略的地方，只要你能够以让顾客感动的标准来要求自己，你一定就是赢家。

着重强调性价比

有一些顾客特别关注产品是否实用、价格是否优惠，他们考虑问题显得非常现实，不愿意为任何不切实际的事物做出不必要的金钱上的付出。作为中档品牌，能够以更低的价格为顾客提供高品质的产品，性价比正是最核心的优势。因此，在与顾客的谈判中，一定要反复强调性价比，这是销售中档品牌的核心要点。

“您想要的这种产品，一些很知名的企业可以提供，价格大概在8000元左右。陈小姐，如果有一种产品在质量和服务方面不会比知名品牌差，同时价格上比它还要便宜2000元，只要6000元左右就可以买到，您愿意选择这样的产品吗？”

“其实您不用花那么多钱而只买到卧房四件产品，我可以提供相同的卧房四件产品给您，另外再为您提供一个地柜，您只需要投资相同的数额就可以了。您看是不是很划算呢？”

建立起深厚的信赖感

在产品高度同质化的时期，你如何让顾客对你产生特别的偏爱呢？唯一的方法是设法让顾客更加相信你，并更加相信你的产品和企业。

信赖感是销售中的关键，没有信赖感就没有成交。建立信赖感，应注意以下几点：

☞ 使用第三者见证——告诉顾客有哪些人购买了你的家具。

☞ 配合顾客——配合顾客讲话的习惯和频率。举例：如果顾客讲话声音大，而且速度快，你也有必要跟上顾客的节奏和频率。

☞ 赞美和倾听。

让顾客充分相信他的选择是对的

顾客在看过你的产品之后，认为质量、款式和价格都很适合，于是产生了明显的购买意向。但因为从产生意向到实际购买还有很长一段时间，在这段时间内顾客会受到各种各样因素的影响，这些影响很可能导致他改变当初的主意，正所谓夜长梦多。因此，你必须在顾客受到这些影响的时候，通过有效的沟通让他充分相信自己当初的判断是完全正确的。注意做到以下几点：

☞ 定期电话沟通，了解顾客的想法，特别强调产品对顾客的关键好处并得到顾客的认同。

☞ 不要忽略顾客，对顾客表示关心。

☞ 给顾客足够的购买理由——强调你的产品带给顾客的三大好处以及你产品最大的优势。

实例解读：

导购员	王总您好！ [王总上次看家具的时候，对产品和价格都比较满意，并承诺一周后来付款订货。到现在已经是第十天了，可是王总仍然没有来店里购买。这时导购员打电话给王总，一方面是为了了解顾客的想法，另一方面是为了通过电话沟通保住这笔订单]
顾客	你好，你是哪位？
导购员	王总，我是××家具店的小刘，上次您来我们这里看过家具，您现在方便接电话吗？ [打电话时，不要忘记，要问对方是否方便听电话]
顾客	哦，你是小刘！没事，很方便！
导购员	王总，您上次说过本周会来我们店里的，这几天在忙，是吧？[不要直接问对方为什么没有过来买家具]
顾客	是，就是很忙，这段时间天天开会。买家具的事，你和我太太谈一谈，看她的想法怎么样，可以的话就买下来吧。（说完后，王总把电话递给了他太太）[证明王总可以接受小刘的家具，但他把决策权交给了他太太]
以下是小刘与王总太太沟通的过程	
导购员	您好，李姐！在忙吗？ [小刘认识王总的太太，所以她知道称呼对方“李姐”比较适合]

顾客	哦，不忙！你是小刘！
导购员	是，李姐，您看王总多体贴您，把购买家具的决定权交给您啦！
顾客	他忙，没时间管这些。你的家具还可以吧，不过比人家的要贵些，后来我又看了 S 品牌的家具，我也很喜欢那边的产品，它的价格比较合理。 [遇到对手了！小刘现在该做什么呢？注意学习了]
导购员	您说的那个品牌我了解，它的价格确实比我们便宜一些。 [用同理心认同对方，同时不要攻击竞争对手] 同时，李姐，价格不等于价值，对吗？[特别强调] 您所购买的永远不是价格本身，而是这套家具是不是真正让您感到放心和满意，对不对？[停顿] 就像买衣服一样，有时候为了少花点钱而买下一件衣服，结果您很难对这件衣服感到满意。到这种时候，您再想一想，就会觉得当时应该多花一点钱购买质量更好的衣服，因为那才是您真正想要的，对吗？ [小刘知道自己的产品质量要比 S 品牌好，也了解顾客的购买价值观——王总及他太太最重视的就是产品质量。而对于顾客的经济情况来说，让他多花一点钱购买品质更好的产品不太困难。所以，当小刘对顾客的想法有了具体的了解之后，就利用成交关键按钮——品质——来刺激顾客的购买欲望，并且利用提问得到对方的认同]
顾客	你说得有道理，可是我还是感觉 S 品牌比较好。 [顾客依然提出反对意见：比竞争对手贵。这种时候导购员最忌讳的就是和顾客讨价还价，正确的方法是塑造产品的价值，让顾客感觉物有所值]

导购员	是这样的，对于王总这种有身份的人，当然要选择符合你们身份的家具，对吧！[停顿] 我相信您家的房子一定是上档次的，还有王总一定会有很多成功的朋友，只有您家里摆放我们这种高品质高档次的家具，才是最适合的，对不对？ [导购员在这里运用了预先框视说服法、刺激关键按钮法、价值塑造法等技巧，让对方无法抗拒]
顾客	嗯。
导购员	李姐，我真诚建议您选一个品质高、品牌有名气、服务又好的牌子，实际上您家里真正需要的就是这种家具，对吧！[停顿] 相信这也是王总想要的！所以说，就算现在不买，你们也过来看看吧。[停顿] 李姐，您是明天有空还是后天有空呢？
顾客	那我们明天下午或是后天来看看吧。

自我检讨

56 不同产品风格 不同说服策略

本书主要针对民用家具，因此仅对民用家具常见的几大类产品的销售技巧进行分享。市场上常见的几类民用家具有：现代家具（简约时尚的板式家具、软体家具等），中式（新）古典，欧式家具，少儿家具，自然主义家具（实木、松木、藤制等）。

每一类型的产品风格都有很大的不同，各自的消费群体在需求上和个性上也表现出了极大的差异性。因此，导购人员必须知道以下几点：目标顾客是怎样的一群人？他们特别在乎产品的哪些方面？他们共同的购买价值观是什么？什么样的销售说辞对他们最有效？这些就是本节要告诉你的内容。

为了让你对常见的五大类产品以及自己所销售的产品有一个整体的认识，在此以表格进行说明。

民用家具常见风格分类

类型	产品特色	目标顾客	为什么购买	成交关键
中式（新）古典	深厚的中国传统文化底蕴，精湛的工艺，自然、古朴，悠然的情怀、小桥流水的浪漫	以中年人为主的传统文化追随者，收入稳定，注重生活品质	顾客热衷于感受传统文化的悠然浪漫情怀，产品具有品质感和艺术感，虽然价格较高，但顾客觉得物有所值	明清风韵，清雅格调，高品质生活
欧式家具	高贵、典雅、华丽、吉祥	新贵一族，富贵人家	产品可以彰显顾客的富贵和与众不同，顾客希望透过象征着华丽和高贵的家具，向身边的人展示自己的成就和功名	华丽尊贵、财富象征
少儿家具	卡通、单纯、趣味、梦幻	城市少年儿童	充满趣味和梦幻的产品满足了儿童顽皮和自主的个性，父母愿意花钱购买孩子喜欢、健康环保以及安全度高的产品	健康无毒，设计安全，独立自我

现代家具	简洁时尚、美观大方、清新自然、实用方便	大众市场	为顾客提供的不只是方便实用、品质优秀的家具，更是一种家居艺术及生活方式，是一种个性与品位的体现	性价比，居家艺术，个性的体现
自然主义家具	天然环保、轻松悠闲	有一定文化修养的人士，尤其受到功成名就人士的青睐	这种产品让顾客享受一种远离城市的喧闹、回归自然的意境。自然的色彩、自然的造型，正是顾客对理想生活的一种追求	享受自然的乐趣，健康优雅的生活

销售中式（新）古典家具的说服技巧

因为目标顾客一般为具有良好的文化修养、注重生活品质的人士，在说服顾客的过程中，导购员应着重强调这种产品能够提高他们的生活品质，能够为他们的生活带来更多的闲情逸致。

“先生，看您一定是一位讲究生活质量的人，这种高品质、工艺完美又具有艺术内涵的产品不正符合您的要求吗？”

“先生，您想象一下，在这样的家庭氛围中弹琴绘画，不正是人生的一大乐趣吗？”

“先生，想象在您的房间里摆上这种风格的家具之后，再配之以梅兰竹菊、琴棋书画作为背景或饰品，这不正是您想要的感觉吗？”

“其实家具不只是买来使用的，您还要看它是不是与您的情趣和个性相吻合，看它能不能体现出您的生活品位和追求，对吗？”

“这种家具给人最明显的感觉就是真实、自然、清雅和纯朴，对于您这种有生活阅历的文化人士来说，没有比这更适合的了！”

经典成交策略——“刨根问底”成交法

在你提出成交之后，很多顾客会做出拖延购买的决定，他们常常会说诸如“我会考虑一下”“我要等一等”“我们要商量商量”“让我想一想”之类的话语。

顾客之所以说出这样的话，可能是因为在他心里还存在某种疑问，是因为对你或是对你的产品还不够信赖，是因为价格无法接受而又不好意思讨价还价，也或许是这位顾客根本就不想买……

你很难了解到顾客的真实想法——到底是什么原因导致顾客说要考虑一下。如果你不了解顾客的真实想法，轻易地被他这样的一句话推辞掉，很多成交机会就这样被“考虑”得无影无踪。

你需要了解到顾客的真实想法，你每天遇到这样的顾客太多太多了，如果他们都以这样的一句话而离你而去，并走向竞争对手的专卖店，这是一种极大的损失。

这本书确实可以帮到你！如果你真的听到顾客说出了这样的话，我告诉你，你已经有了很大的成交希望。其前提是，你需要掌握这一成交技巧。

你可以对顾客说：“陈先生，很明显，您不会说您要考虑一下，除非对我们的产品真的很有兴趣，对吗？”说完这句话后，你一定要给顾客留出时间做出反应，因为顾客的反应通常都会为你的下一句话起到很大的辅助作用。

顾客通常都会说：“你说得对，我确实有兴趣，我会考虑一下的。”这时，你应该继续对顾客说：“我的意思是，您说要考虑一下，不会只是为了躲开我吧？”

这时顾客通常都会对你说：“不是，不是为了躲开你。”接下来，你应该确认他们是否真的会考虑：“那么，陈先生，我可以假设您会很认真地考虑我们的产品，可以吗？”

在顾客做出反应之后，你一定要进一步地追问：“陈先生，我刚才到底是漏讲了什么，或是哪里没有解释清楚，才导致您说您要考虑一下呢？”

通常顾客不说话。你可以继续追问：“是我们产品的设计风格吗？还是产品的售后服务？”

后半个问句你可以举出很多的例子，因为这样能让你找出顾客所要“考虑”的关键因素。一直到最后，你问他：“陈先生，说真的，有没有可能是钱的问题呢？”

如果对方承认是钱的问题，或是其他什么问题之后，你已经打破了“我要考虑一下”的陷阱。只要顾客把他的真实想法——所要考虑的问题——告诉你之后，你再进行相应的反对意见解除就可以了。

经典成交策略——“死里逃生”成交法

当顾客因为某种原因——某种你不知道的原因——不愿意购买你的产品，并且决定离开时，你可以运用这一成交技巧。

比如，顾客来看过你的家具两三次了，比较喜欢你的产品，也和你谈论过价格，从表面上看来，这位顾客很可能会购买你的产品，但就是迟迟做不出购买的决定。并且，在最后关头，顾客在没有任何明确的原因的情况下，就表明“算了，不要了”。之后，顾客便准备离开你的专卖店。

如果这位顾客就这样走了，真可谓是走得不明不白。这不但是一种损失，更是一种遗憾。“死里逃生”成交法可以为你带来一线生机。

使用这一技巧有两个好处，一是可以挖掘到顾客不购买的真正原因，二是可以在顾客拒绝你时，给自己留一条生路。

顾客对你说了声“算了”，就起身出门。当他快走到门口时，你突然叫住他：“陈先生，请您等一下好吗?”顾客会停下来，问你有什么事。你就用非常真诚和谦虚的态度对他说：“陈先生，我想请您帮我一个忙！可不可以?”顾客同意后，你接着说：“因为我是新来的，我希望能够成为一个优秀的家具销售人员，所以我想请教您，是因为哪方面我没有做好，才导致您不愿意购买我们这么好的产品呢?”［如果你不是新人，你可以说你希望能够为每一位顾客提供更好的服务］

顾客看到你这么好的态度，通常都愿意说出他的想法。顾客说出的想法往往就是不愿意购买你产品的真实原因。当你知道顾客为什么不购买你的产品的真正原因之后，要说服他就不太困难了。

比如，顾客告诉你“我对你们这个牌子不是很了解”，你就马上对顾客说：“陈先生，原来是这样，来，我现在为您好好解释一下!”并且把他拉回来，然后耐心而又热情地告诉顾客有关这个品牌或企业的信息。

如果顾客告诉你说“你们的价格太贵了”，而实际上你可以给出更低的价格的时候，你就立刻对顾客说：“原来是价格的问题，那我们可以回来商量商量嘛!”

在你把顾客拉回来，为顾客再一次进行解释或让步之后，顾客通常都不好意思空手走掉了。

一句话赢得顾客的信赖

一次，一对老夫妇选购彩电，他们看了几种品牌，始终拿不准主意。营业员通过交谈得知，两位老人是为将要出嫁的女儿买嫁妆。出于对女儿的怜爱，他们希望给女儿买一台功能全、价格贵一些的彩电。

营业员又从两位老人那里了解到，女儿、女婿因为工作忙，连挑选彩电的时间都挤不出来。营业员十分诚恳地说："买电视机，按需求去买才划算；买功能多的，如果平时不用，等于白花钱。您要是信得过，我建议买这种品牌的，不但适用，剩下的钱还可以添置一组书柜，也许女儿、女婿更需要。您说对吗?"

这番话让两位老人十分感动，他们说："难得你说出了这么中肯的话，我们相信你，你就帮我选一台吧。"

在这位营业员的热心帮助下，老人高高兴兴买了一台彩电。如果这位营业员不考虑老人的利益，而是投其所好，引导他们选购价格贵的，不但不容易成交，下次买东西时，顾客很可能找其他人了。

销售欧式家具的说服技巧

这种产品类型的购买者对产品是否实用不是特别注重，他们更在乎一种高人一等的体验或感觉，导购员在销售的过程中，就是要让顾客体验到这种感觉。

“某某小姐，如果您经常看电视，一定在电视节目中看到过这种风格的家具。电视节目里面出现的家具，当然是非常特别和与众不同的，对吗?”

“先生，对于您这种成功的人来讲，就要选择有这种感觉的家具，因为它不但看上去档次高，而且这种华丽和高贵的感觉是一般的家具所不能给您的，您认为呢?”

“人们常说，物以类聚嘛！来我们这里购买这种家具的人都是像您一样，在事业上和家庭上都非常出众的人。我敢肯定您也会这样想，对吗?”

经典成交策略——“不要”成交法

当你的顾客同时对两三个品牌——包括你的和你的竞争对手的产品——都有购买意向，却又拿不定主意到底应该选哪家时，你可以使用这种成交技巧。

销售是信心的传递，是情绪的转移。在顾客认为几家产品都差不多时，往往更容易购买那位非常有信心而又讨人喜欢的导购员的家具。“不要”成交法正是表现出了导购员对自己产品的一种极度的自信。

因此，当顾客再次来到你的店里，看着他所喜欢的家具却做不了购买决定的时候，你可以对顾客说：“陈先生，在各个家具商场里面，有很多销售人员，他们都有很好的理由来说服你购买他们的产品，对吧?”

停顿片刻之后，继续对顾客说：“当然，陈先生，您可以向任何一位销售人员说‘不买’。但是，在家具行业，作为一个专业人员，我的经验告诉我一个不可否认的事实——很少有人可以对我的产品说不。当他对我的产品说‘不’时，事实上，他在对他自己家人的健康和快乐安心的生活说‘不’。”

继续认真地对顾客说：“陈先生，假如今天您是卖家具的，您的家具是很多人都认可的好产品，而您顾客又非常需要它，非常喜欢它，您会不会因为顾客一点小小的问题而让他对您说‘不要’呢？[停顿] 所以，陈先生，我今天肯定不会让您对我说‘不’。”

经典成交策略——“竞争分析”成交法

“竞争分析”成交法，就是为顾客做一个同类产品的分析，让顾客明确认识到选择你的产品才是最有价值的。在做竞争分析的时候要切记两个原则，一是要客观地进行比较，二是不要攻击竞争对手。

你可以对顾客说：“陈先生，如果我是您的话，我也会和您一样，对于到底应该选择哪个品牌而感到为难，因为这两家的产品都很优秀。”

在顾客对你的话表示认同之后，你继续说：“同时，陈先生，如果我是您，我会根据自己的需求来选择最适合自己的产品。让我们来做一个客观的分析，好吗？”

顾客答应后，你可以说：“我们产品有三大特点，一是品牌影响力大、知名度高，我们是中国驰名商标；二是我们产品不会有任何的环保问题，绝对可以保障您全家人的健康；三是产品的质量优秀。其中最重要的一点，是我们品牌在中国市场的影响力和知名度，可以说想要购买中高档家具的人都知道这个品牌。××品牌的产品也还不错，可是在品牌影响力和知名度方面远远不如我们的，您认为呢？”[注：在做比较时有一个技巧，先列出自己产品的三大特点，并说出最大的优势是什么。然后再用自己的最大优势与竞争对手最大的缺点进行比较，这样可

以让顾客感觉到你的产品好过竞争对手。在这里有一个关键——你所要告诉顾客的最大优势，最好是顾客买家具时最为重视的一方面]

等到顾客表示承认之后，再对顾客说："陈先生，对于您这种成功人士，当然应该选我们这种知名的大品牌，是吗？"

然后，你再对顾客说："您再看看，H品牌和我们的产品差不多，在价格上我们要便宜10%左右，所以，今天您选择我们的产品，才是最明智的，对不对？"[注：最后找出一个产品价格比自己更高的品牌，与自己的产品进行价格方面的比较，可以让顾客感觉到你的产品是物有所值的]

需要说明的是，对竞争对手进行一个客观公正的评价，在销售过程中是不可避免的，这也是对顾客负责任的一种表现。但是，为了销售业绩而对竞争对手进行恶意的攻击或诋毁是万万不可的。

销售少儿家具的说服技巧

通常购买少年儿童家具都是父母同小孩一起来选购，所以在销售过程中不但要说服家长，还要把握好小孩的心理。

在开始推荐产品之前，导购员最好通过观察和提问，了解到父母和小孩谁的决策权更大，谁是决策影响者的角色。这样你的说服工作才能够做到有的放矢。判断谁是决策人，导购员可以运用以下问句。

问家长："我能不能了解一下，您对您孩子使用的家具有些什么标准？""您对孩子的判断和选择能力会不会很有信心呢？""您会不会很支持孩子自己的选择呢？"

问孩子："你对自己的家具有哪些要求呢？""你喜欢什么样的颜色

呢？”通常，你很容易通过提问和观察的方法，准确判断出他的家长现在是怎样的想法。

对家长进行说服的技巧

“这种设计风格和颜色的搭配都是根据少儿的心理特征而专门设计的。这样的图案和色彩，可以激发孩子的想象能力，也可以培养孩子的创造能力，对孩子的成长有很大的帮助。”

“您一定非常关心孩子的健康对吧！我们公司是专业生产少儿家具的大规模厂家，多年来我们始终把产品的环保性放在第一位，每一件产品都必须按国家的规定和标准进行生产，所以，这样的产品才能真正让您放心，让孩子的成长不会受到影响，对吗？”

“小孩子都很调皮好动，因此我们公司在产品设计的时候就考虑到了这一点。您看，所有产品的棱角都进行了圆滑处理，这样就可以极大地保障您孩子的安全，这样的产品您是不是很放心呢？”

“这套儿童房最主要的特点是功能性和实用性，您看，只需要一个小小的空间，就可以把孩子的衣服、床上用品、学习物品和玩具等所有东西放置好。另外，当孩子有了这样一个自己的空间之后，您就可以培养孩子如何收拾自己的房间，如何整理自己的物品，这对孩子的成长是非常重要的，对吗？”

对孩子进行说服的技巧

“小朋友，你看，这是你的书桌，这里你可以挂小书包，这边可以放你最喜欢的卡通书籍，你喜欢电脑吗？在这里可以放一台小电脑。你看，这样就可以在这里开心地学习了！喜欢吗？”

“小朋友，你看，这套书桌和小床造型多可爱，颜色也很漂亮是吗？如果你的好朋友到你家来玩，看到你的房间这么漂亮，一定会吓他们一跳，对吗？”

“小朋友，这张小床多好玩啊！你看，它有两层，如果你喜欢睡在上面，就可以从这个小楼梯爬上去，以前你睡过上铺吗？在上面睡觉一定会很好玩，对不对？”

经典成交策略——“对比心理”成交法

有这样一个故事：一个小女孩敲开了一位大叔的家门，便开始向这位大叔推销抽奖券：“大叔，买一张抽奖券吧，只要50美金！”大叔说：“不要，不要。”小女孩继续说：“买一张嘛，只要50美金！”大叔说：“不要，不要。”小孩子还是说：“才50美金，买一张吧！”大叔依然说：“不要，我不要！”

小女孩一点也没有放弃的念头，依然诚恳地对大叔说：“您就买一张嘛，只要50美金啊！”大叔看着面前这位可爱的小女孩，有点心动了，可转眼一想，花50美金买一张抽奖券，好像没太大必要吧，于是摇摇头，对小女孩说：“不要，真的不要！”

小女孩不再坚持，把抽奖券放回口袋，然后把小书包打开，从里面取出一包饼干，对这位大叔说：“那您就买一包饼干吧，只要2美金！”大叔二话不说，掏出2美金买了一包饼干。

实际上，这个小孩子是卖饼干的。

这个故事就是一个生动的“对比心理”成交法案例。在销售家具的过程中，也可以运用这一技巧来促进成交。比如，当前的这位顾客比较喜欢正在打特价的产品，尽管这是特价商品，已经非常便宜，可是他还是希望能够再便宜一些。这时如果你和顾客纠缠在价格上，可能会陷入没完没了的讨价还价之中，弄不好顾客还会选择同样也在进行特价促销的竞争对手的产品。

在这样的情况下，你可以转移顾客的注意力，向顾客推荐常规价格的商品。在推荐常规价格的商品时，你需要把产品的价值塑造出来，让这位顾客感觉到你的产品很值钱。当顾客认可你的产品确实很有档次时，你可以对顾客说：“实际上刚才那一套特价产品也和这种一样好，因为我们公司开展回馈消费者的活动，现在特别用它来做特价。”

这时你应该看着顾客的眼睛，发现他有些心动的时候，就对他说：“我还是建议您选择那套特价的，这样可以为您节省好几百块，您就买特价吧，现在买真的很便宜!”

经典成交策略——“和尚”成交法

有一个推销员向寺庙里的和尚推销宗教用品，和尚说：“我们是行善之辈、出家之人，在此修炼也是为了普天众生之福，你就把你的东西作为贡品送给寺庙吧，年轻人，这也算是你为天下苦难人的平安和幸福做的一次善举啊。”

这位推销员则想，把产品卖出去，把钱收回来是自己的责任，只有把自己的工作做好，才能更多地帮助其他人。于是便对和尚说：“大师说得非常对，我也希望帮助更多人。但是，在我帮助其他人之前，我要先让我的老婆孩子、父亲母亲不要饿肚子，我要先让我全家人活下去，对吗？如果我连自己家人的生命都保不住，我又怎样帮助其他人呢？”

和尚静静地听着，并向推销员点了点头。

推销员继续说道：“大师，您是行善之辈，您是乐于帮助他人的人，现在我困难在身，您一定愿意购买我的产品，以便帮助我全家人渡过难关，对吗？”

后来，和尚买下了这位推销员的所有产品。

你是否遇到过有些顾客很想要购买你的产品，可是他一定要你额外给他一些好处——赠送一个饰品或争取更低的折扣，他才愿意购买你的产品呢？

一定遇到过，“和尚”成交法在这种时候很管用。

销售医生与销售策略专家

在我看来，世界上最高明的销售人员是医生。医生总是能够让患者听取他的建议，心甘情愿花很多的医疗费用，并且还能够得到患者的尊敬和感谢。

医生首先需要对病人进行检查，然后开始诊断，最后开出处方。销售的流程也是一样，你需要先检查客户当前遇到的问题，然后判断客户真正的需求和渴望，最后“开出处方”——为顾客提供最好的家居方案。

医生是最懂得塑造产品价值的“销售高手”。他会告诉患者，如果不及时治疗，这种病会引起哪些更加严重的后果。销售中同样可以这样说服顾客。把顾客不选择你的家具的后果（坏处）分析给他听，可以说服顾客选择你的产品。

导购员需要学习并运用医生的策略和方法，这样可以帮助你成为一个销售策略专家。

销售现代家具的说服技巧

现代风格的家具是最大众化的一类产品，因为它占据了整个家具行业的主流市场。它也是最不好卖的一类产品，因为这个分类市场的竞争太过激烈，产品的同质化非常严重。

对于中高档以及中档的现代风格家具品牌来说，它的目标消费群体主要以都市白领、骨干、精英为主。他们所要购买的，不只是方便实用、品质优秀的产品本身，还包括一种家居艺术及生活方式以及一种个性的体现与身份的象征。基于顾客这样的购买心理，导购员可以灵活运用感性与理性相结合的说服方式。

理性说服，让顾客信任

“之所以这种产品看上去这样精美，是因为它的生产设备全部是原装进口的，而一般的企业只用国产设备进行生产。”

“因为长期以来我们的产品都是由国外的设计师进行设计，所以这些产品看起来非常国际化，而且有几款产品荣获了金奖。”

“我们公司所生产的每一款产品都必须经过各个环节的严格检验，只有每一个环节都合格后才能下线包装，因此，在品质方面我们总是能够得到消费者的认可。”

“先生，您会不会认为一个在行业更有影响力的企业，能够为顾客提供更好的产品呢？每个人都会这样认为，对吧！我们公司多年以来在行业一直具有很大的影响力，所以在品质方面从来不敢放松。”

“大家都愿意买的产品才是好产品，对吗？我们公司的销售量几年以来始终都保持在前三名，证明我们的产品和服务是受到大家的信赖和认可的，您认为呢？”

感性说服，让顾客感动

“小姐，您可以体会一下，这种简洁现代的家具是不是让您感觉很青春，很时尚？如果再与您房间的装修风格相搭配的话，感觉一定会更好！”

“先生，一看就知道您是懂得享受生活的人，这种风格的家具看起来非常大气，非常有档次，不正适合您吗？您感受一下，在这种生活环境中，它能够让人感受一种高品位、高品质的生活情调，您看是不是这样？”

“家是一个让人轻松的地方，家具简单一点，清爽一点，会让人感觉到更多的轻松，是不是？”

感性与理性的结合，让顾客行动

“王先生，您也认同了我们产品的质量和服务，多投资一点点选择这种真正让您放心的家具，相信是值得的。再说，这种档次的产品完全符合您的风格，可以体现出您这种成功人士的身份和价值，这方面并不是每个品牌都可以给您的，您也认同这一点对吗？［停顿］如果没什么问题，我们现在就确认一下吧！”

"王先生，我能给您的最低价与您的期望价格只相差600块，就算这套家具您只使用10年，每年只需要多投资60块，每月只多花2块钱，对吗？而且，这套产品真正体现出了您的个人风格，也能为您的家人创造出一个温馨幸福的生活氛围，每月只用多出两块钱，完全是值得的，对吗？[停顿] 王先生，您是刷卡还是付现款呢？"

经典成交策略——"富兰克林"成交法

"富兰克林"成交法之所以效果不错，是因为它能找出顾客在面临做决定时的内心想法：他们在衡量得与失——购买的理由和不购买的理由。无论一个人遇到的是多么复杂的事情，富兰克林的办法都可以起到很好的作用。

为什么把它称为"富兰克林"成交法呢？因为富兰克林是美国第一位白手起家的百万富翁。他在做决定时，总是会拿出一张纸，在纸的中央画出一条线。然后，他把所有支持做决定的理由写在纸的一边，所有反对的理由写在另一边。接着他再研究这些理由，并做出决定。

当你面对一位因某种原因而很难做出购买决定的顾客时，你可以说："陈先生，我们可以用富兰克林做决策的方法来分析一下您到底应该怎样做。这是一个很简单的方法，这个方法使富兰克林成为了美国最富有的人之一。"

顾客通常都会对你的提议感兴趣，并且会认为很有意思。这时你拿出纸和笔，在纸的中央画下一条线，然后，同顾客一起写出所有支持购买的理由。写完之后，你问顾客："您还能想出别的支持购买的理由吗？"

如果顾客说："没有了，全部理由都在这里了。"你就说："好，现在请您填写另一半。”把纸和笔递给顾客，静静地坐在一边。这位顾客通常只能写出一条或两条。

然后你说：“陈先生，看上去您好像已经做了决定。什么时候送货比较适合？”这时，你可以拿出销售合同，并开始填写。如果你在上面写了日期，顾客没有阻止你，那么你就问顾客名字的准确写法。如果顾客告诉了你他名字的准确写法，那么，他就已经做出了购买的决定。

如果顾客说：“先等一等！”你就直截了当地问：“为什么还要等一等呢？”这位顾客很可能自己也不知道为什么还要等一等。

经典成交策略——“闭嘴”成交法

有一次我向一位顾客销售家具，与他交谈了一个多小时，我把所有产品对顾客的好处、顾客应该选择的理由全部说过之后，顾客依然没有做出购买的决定。我不知道这位顾客到底想不想购买我的产品。

我该怎样说服这位顾客呢？于是，我先请他坐下来，然后问了一个问题：“先生，您觉得我们的家具更加适合您吗？”这位顾客不说话。他不讲话，我就无法知道他对我们产品的评价或看法，所以我必须想办法让他开口。

我知道想要了解这位顾客的真实想法，最需要的是能够沉住气，需要“逼”他讲出内心的想法。所以，我也不讲话，把身体前倾，静静地看着他，等着他的回答。

30 秒过去了，顾客不开口。一分钟过去了，顾客依然不开口。

我知道，无论如何，我现在也不能开口，直到顾客开口讲话为止。

又过了差不多 30 秒，顾客终于开口了。他说：“你们的家具还可以。”我眼睛一亮，发现有希望了。过了几秒钟，带着鼓励的语气，我又问顾客一个问题：“那您就买下来吧?!”

顾客又不说话了。

一分钟过去了。两分钟过去了。顾客不说话，我也不开口。我一直静静地看着顾客。我知道现在一定不可以开口，闭嘴是对付这位顾客唯一的方式。

五分钟后，顾客拿起茶杯，喝了一口水，对我说：“那就买下来吧。”

这就是所谓的“闭嘴”成交法。对于那种总是不开口的顾客，当你在确认对方的需求或是向对方提议成交之后，你千万不要说话，直到顾客开口说出他的想法为止。

假如当时我沉不住气，看到顾客迟迟不回答我的问题的时候，又开始喋喋不休的话，顾客很可能不会开口讲出他的想法，我也很难了解到顾客是不是真正对我的产品感到满意，也很难在比较短的时间内达成销售。

为顾客献上的生日鲜花

做销售的人，一般都知道乔·吉拉德。他被认为是“世界上最伟大的推销员”。他是如何成功的呢?

乔·吉拉德认为，卖汽车，人品重于商品。一个成功的汽车销售员，肯定有一颗尊重普通人的爱心。他的爱心体现在他的每一个细小的行为中。

有一天，一位中年妇女从对面的福特汽车销售展厅，走进了吉拉德的汽车展销室。她说自己很想买一辆白色的福特车，就像她表姐开的那辆，但是福特车行的经销商让她过一个小时之后再去，所以先过这儿来瞧一瞧。

“夫人，欢迎您来看我的车。”吉拉德微笑着说。

妇女兴奋地告诉他：“今天是我55岁的生日，想买一辆白色的福特车送给自己作为生日礼物。”

“夫人，祝您生日快乐！”吉拉德热情地祝贺道。随后，他轻声地向身边的助手交代了几句。

吉拉德领着夫人从一辆辆新车面前慢慢走过，边看边介绍。在来到一辆雪佛兰车前时，他说：“夫人，您对白色情有独钟，瞧这辆双门式轿车，也是白色的。”

就在这时，助手走了进来，把一束玫瑰花交给了吉拉德。吉拉德把这束漂亮的花送给了夫人，再次对她的生日表示祝贺。

那位夫人感动得热泪盈眶，非常激动地说：“先生，太感谢您了，已经很久没有人给我送过礼物。刚才那位福特车的推销商看到我开着一辆旧车，一定以为我买不起新车，所以在我提出要看一看车时，他就推辞说需要出去收一笔钱，我只好上您这儿来等他。现在想一想，也不一定非要买福特车不可。”

后来，这位妇女就在吉拉德那儿买了一辆白色的雪佛兰轿车。

正是许许多多类似的细小行为，为吉拉德创造了空前的效益，使他的销售取得了辉煌的成功，他被《吉尼斯世界纪录大全》誉为“全世界最伟大的推销员”，创造了15年推销13 000多辆汽车的最高纪录，其中有一年，他卖出汽车1425辆，在同行中传为美谈。

各位导购员朋友，不用说为顾客送上生日鲜花，我们可以记住顾客的生日，在他生日那天打电话表示祝贺，这也是优秀导购员和普通导购员的差别之一。

销售自然主义家具的说服技巧

自然主义家具的卖点是非常显著而独特的。只要导购员在挖掘顾客需求的时候了解到顾客的真正渴望和动机，说服顾客一般不会很困难，除非顾客根本无心购买你的产品。

在前面分析过，自然主义家具的目标群体主要是有一定文化修养和功成名就的人士。在这种顾客的内心，他们向往一种远离城市的喧闹、回归自然的意境，对自然的色彩、自然造型的产品有着情有独钟的偏爱。因此在说服这类顾客的过程中，要着重运用感性的方式，让他们感受到一种享受自然的乐趣和一种健康优雅的生活。

“这种产品是用纯天然松木制造的，您都可以闻到树木的味道，完全健康环保。我相信您非常重视自己和家人的健康，能够带给全家人健康的家具，才是您应该选择的，对吗?”

“把房间布置出一种自然的感觉，不正是很多城市人所追求的吗?您想想，一走进门就可以看到原原本本的天然木材家具，还能闻到天然树木的味道，是不是感觉很轻松呢?”

“陈总，像您这样有地位的人，当然就要选择这种普通人不敢买的家具，对吗?您可以感受一下，这种风格的家具所形成的家庭氛围有三大特点：一是体现了主人大度包容的深度感；[停顿] 二是很自然地形成了一种中国传统的艺术感；[停顿] 三是真实感，给人的感觉实在而从容。您看它多适合您，对吗?”

“李先生，您完全有很充足的理由选择这套产品！[停顿] 因为这种藤制产品特有的天然性和环保性以及这种素雅的色彩和风格，这是其他产品所不能给您的，对吗？［停顿］以我的经验，我知道有几方面对您来说特别重要！第一，您和您的家人需要健康，这种产品可以保障这一点；第二，这种素雅的风格非常适合您，因为购买这种高品位高档次家具的人，都是像您这种有成就有阅历的人。我全心全意地建议您选择这种，因为它真的很适合您！”

经典成交策略——“催眠式”成交法

影响潜意识可以快速影响一个人的行为，催眠就是影响潜意识最快速的方法。看过电影《双雄》的人应该会有印象，一个人站在那里还可以被另一个人催眠，从而按照他人的指令行事。

我的经验告诉我，运用催眠销售技巧确实可以提高成交比例，但是，顾客要求退货的几率也很高。对于催眠的知识在此不做过多讲述，本节内容只是把催眠可以影响顾客做购买决定这一事实让大家知道，不是刻意教大家如何运用催眠指令的方法来让顾客购买。必定，在销售过程中，我们应该把自己定位为一个帮助顾客服务顾客的人，为顾客配置最适合他的家具才是我们真正需要做的。

不过，对于那种真正对你产品感兴趣，而又难以做出购买决定的顾客，“催眠式”成交法可以起到一定的效果。

你可以非常自信地看着你的顾客，对顾客说：“现在买，您可以节省好几百块。”顾客听到你说这样的话后，一般都会点头承认。然后你再对顾客说：“现在买，是最好的时机。”如果你发现顾客并没有反对你的建议或观点，再次对顾客说：“现在买，再过十几天您就可以使用您真正喜欢的好家具了。”如果顾客再次点头承认，你就直接把销售订单取出来让顾客写上他的名字。

或许你可以看出，这种成交话术里面设计了很多暗示性语言，正是这种暗示性语言对顾客的潜意识产生了影响。当然，你这样的做法是否有效，与你和顾客沟通的环境和气氛有很大的关系。你如何运用你的肢体动作、声音和语言，也直接关系到你是否能够成功运用这一技巧。

经典成交策略——“价值观”成交法

根据人们的价值观取向，我们可以把人分为家庭型、模仿型、成功型、社会认同型和生存型。每一种类型的人的思维和行为均有很大的差异，因为他们所认定的人生价值是不同的。

在销售过程中，导购员要有敏锐的眼光，要能够通过对顾客的表现或行为的观察，来判断出顾客的价值观取向。然后根据顾客的价值观取向，对顾客进行有影响力的说服。

家庭型的人——思想保守，不爱改变，热衷于稳定的生活，一切以家庭为中心

说服这种类型的顾客，最重要的是不要告诉他你的产品与其他的产品有很大的不同，因为这类顾客最害怕接受新事物。可以参考以下成交话术：

“这种家具和您以前使用的××产品一样好……”［确认顾客对他以前所使用的家具很满意时才可以这样说］

“这套家具可以让您全家人安安心心地使用好几十年……”

“您的家人需要一个温馨和幸福的家，这种家具可以带给您家人这样的感觉……”

模仿型的人——对他人的肯定和认同特别在意，喜欢模仿知名人士或大人物

说服这种类型的顾客可以参考以下成交话术：

“这样高品质的家具可以给您更多的自信，很多像您这样的成功人士都选择我们的家具……”

“上个月市委书记在我们这里购买了全套家具，可见这个品牌是受到很多知名人士的认可的……”

成功型的人——喜欢与众不同，凡事追求最好或卓越

告诉顾客你的产品只有少数最成功最顶尖的人士在使用，因为这种产品是专为成功人士特别设计的。说服这种类型的顾客可以参考以下成交话术：

“这种家具只有少数非常有地位的人使用，所以说特别适合您。”

“这种家具无论是从产品的材料和设计风格上，还是从品牌地位上来说都是一流的，可以看出您是一位追求与众不同的人，这样的产品正好适合您，对吗?”

社会认同型的人——追求智慧，有人生使命感，负有强烈的社会责任心

说服这种类型的顾客可以参考以下成交话术：

“我们公司是一家特别注重社会公益事业的企业，去年我们公司向希望工程捐助了 10 万元……”

“对社会负责任的企业才会做出真正好的产品，对吗？我们公司是国内家具行业唯一向国家认养大熊猫的企业……”

生存型的人——追求实惠和实际，以便宜和省钱为导向

说服这种类型的顾客可以参考以下成交话术：

“我们这种家具同样可以使用十几年，但价格方面却为您省出了上千元……”

“从质量上来说，这种家具也不会差多少。从功能上来说，您想要的功能都有。价格上我们肯定比××品牌便宜很多，省出来的钱您又可以买一件其他的家具了……”

经典成交策略——“拜师”成交法

电脑推销员小陈，一次向一家规模不小的公司推销电脑。竞争相当激烈，但是由于跑得勤，功夫下得深，深得承办单位的支持，成交希望非常大，到最后，只剩下两个品牌，等着做最后的选择。承办人将报告呈递总经理决定，总经理却批送该公司的技术顾问——电脑专家陈教授咨询意见。

于是，承办人员陪同陈教授再次参观了两个品牌的机器，详细地听取了两家的示范解说，陈教授私下表示，两个品牌，各有优缺点，但在语气上，似乎对竞争的那一家颇为欣赏，小陈一看急了：“煮熟的鸭子居然又飞了?”于是，又找个机会去向陈顾问推销。使出浑身解数，口沫横飞地辩解他所代理的产品如何优秀，设计上如何特殊，希望借此纠正陈顾问的观念。

最后，陈顾问不耐烦地冒出了一句话：“究竟是你比我行，还是我比你懂?”此话一出，这笔生意看样子是要泡汤了。

小陈垂头丧气，一位推销专家建议：“为什么不干脆用以退为进的策略推销呢?”并向他说明了“向师傅推销”的技巧。

“向师傅推销”，切记的是要绝对肯定他是你的师傅，抱着谦虚、尊敬、求教的心情去见他，一切的推销必须无形，伺机而动，不可勉强，不可露出痕迹，方有效果。

于是，小陈重整旗鼓，到陈教授执教的学校去拜访，见了面，如此这般地说："陈教授，今天，我来拜访您，绝不是来向您推销。过去我读过您的大作。上次跟老师谈过后，回家想想，觉得老师分析得很有道理。老师指出在设计上我们所代理的电脑，确实有些地方比不上别人。陈教授，您在××公司担任顾问，这笔生意，我们遵照老师的指示，不做了！不过，陈教授，我希望从这笔生意上学点经验。老师是电脑方面的专家，希望老师能教导我，今后我们代理的这种产品，将来应如何与同行竞争，才能生存。希望能听听老师您的高见。"小陈说话时一脸的诚恳。

陈教授听了后，心里又是同情又是舒畅，于是带着慈祥的口吻说道："年轻人，振作点。其实，你们的电脑也不错，有些设计就很有特点。唉，我看连你们自己都搞不清楚，譬如说……"于是，陈教授讲了一大通。"此外，服务也非常重要，尤其是软件方面的服务，今后，你们应该在这方面特别加强。"陈教授谆谆教导，小陈洗耳倾听。

这次谈话没过多久，生意成交了。对这次推销，帮忙最大的，还是陈教授，他对总经理说，这两家公司的产品大同小异，但他相信小陈公司能提供更好的服务，最后，总经理采纳了陈顾问的意见，一笔快泡汤的生意又做成了。

小陈能够挽回败局，将一笔快泡汤的生意又做成，其原因是利用了人性的弱点，通过求教，满足了对方的自尊心，赢得了对方的好感从而成功了。推销员利用人类的这一弱点，尊对方为老师，向对方求教，这样对方就会心情舒畅，心中充满温暖和同情，对你抱有好感，从而不自觉地接受你的推销。

在本例中，小陈的失败，在于忽略了对方的自尊心。试图显得比专家更高明，是不会赢得专家好感的；小陈的成功，在于满足了对方的自尊心。把对方抬到专家的“轿子”里，对方自然而然地会喜欢你。

先向师傅学推销，然后向师傅推销，这是推销中很高明的一招。如果你某次推销失败了，对客户不要就这么从此形同陌路，不再见面；务必再去看看客户，抱着学习请教的心情去。斗不过他，就干脆拜他为师，了解一下失败的原因。生意不是只做一天两天的，以后仍有机会：“师傅，下次如果照着你的指示去做，您不会不买吧？”

自我检讨

57 不同顾客性格 不同说服策略

销售沟通理论的研究发现，顾客往往对那些行为方式与自己更相似的人产生好感，从他们那里购买产品。为了与客户建立融洽关系，从而进行更有效的销售沟通，必须对不同性格的客户进行分析和分类，并学会适应他们。

根据销售过程中消费者的行为习惯，我们可以把顾客分为三种：视觉型、听觉型和感觉型。在购买过程中，每一种类型的顾客都会表现出各自不同的行为模式。

同样，作为一名导购员，你也有自己的行为模式。你会不会认为有些顾客与你沟通得很好，从一见面开始你们就相处得很默契很自然？而对于另外一些顾客，你会感觉到你们之间总是存在着一定的距离？答案就在于你的行为模式和顾客的行为模式是否为同一类型。当你感觉好的时候，顾客的感觉通常也是好的；当你感觉不好的时候，顾客的感觉也好不到哪去。

顾客感觉不好，他可以到竞争对手的专卖店去寻找好的感觉；而你的感觉不好，损失的却是销售业绩。

顾客永远不会来适应你，只有你去适应顾客。能不能在沟通的过程中配合各种类型的顾客，这正是导购人员技巧或能力的体现。本节内容就是与你分享如何认识不同类型的顾客以及与各种类型顾客沟通的技巧。

说服视觉型顾客的特别技巧

视觉型顾客做事爽快、决策果断、讲话速度快、声音较大、喜欢说而不喜欢听。这种人常常会被认为是强权派人物，喜欢下命令或支配他人。他们的时间观念很强、追求高效率、说话直入主题。他们更相信自己所看到的，而不是所听到的。在导购员介绍产品时，他们或许并没有听进去，而是在通过自己的眼睛和主观感觉，来判断这种产品是不是适合自己。

由于他们不愿意浪费时间，想通过提问的方式了解顾客的真实需求有一定难度。他们思维主观，不太容易听取他人的建议，在做决策的时候通常更相信自己的看法。

与视觉型顾客沟通的技巧

当发现面前的顾客是视觉型的时候，你需要把自己讲话的速度和音量调整到与对方的语速和音量相当的标准。

直言直语是视觉型顾客的典型行为，你要做好心理准备，因为他们随时都有可能让你很难堪。

做事干净利落，说话不拖泥带水，让他们感觉到你做事非常讲究效率。尽量少说或不说与产品无关的事，直接把产品的特性与好处告诉顾客。你有重要的话要告诉他时，一定要让他看着你之后，再把话直接说出来，否则你说的话他可能并没有听进去。

这种顾客非常主观，不容易听取他人的建议或观点，导购员也难以有效地引导顾客。因此，在这种时候，导购员应当先积极倾听，暗自分析顾客的观点是否正确。如果顾客所认为的并非事实，你就可以通过反问的方式让对方意识到自己的观点是错误的。如果顾客的观点是正确的，对他一番称赞之后，就向他提出成交吧。

多对顾客说“看”

“先生，您看，这种产品无论是设计风格，还是生产工艺都是绝对高标准的，这是您在很多地方所不能看到的，对吗?”

“先生，您仔细看看产品的细节，只有从细节上才能判断一种产品的品质高低，对吧!”

“先生，从您房子的装修风格来看，这种颜色和风格的家具看上去非常适合，来，您可以仔细看看!”

说服听觉型顾客的特别技巧

听觉型顾客为人友好，表现平静，喜欢听别人讲话，属于特别好相处的一种人。他们做事不急不躁，反应不慌不忙，下一个决定一般需要多次思考和判断。他们讲话速度较慢，声音较小，总是能够从容地回应导购人员提出来的问题。因为他们比较容易配合他人，只要导购员能够以平和的态度与这种顾客沟通，就很容易了解到他们的购买需求。

与听觉型顾客沟通的技巧

如果你自己也是一个听觉型的人，你和这种顾客之间的沟通就会很顺利很自然。如果你不是，把你说话的速度和声音调整为与这位顾客差不多的程度将会有助于你。这点对你很重要，因为这样你会让这位顾客感觉更惬意。

听觉型顾客的倾听能力比你想象的更好，因为他们那种特有的听觉神经几乎随时都在接收你告诉他的信息，就算他的眼睛并没有看着你也一样。所以，注意自己的说辞，以免对方接收到不好的信息。

虽然这种顾客喜欢倾听，但是仍然不要忘记尽量让顾客说话。当你向他表达了某一个观点之后，应当随即问对方一个有效的问题。

如果你是一个性格直爽或者急性子的人，需要让自己变得镇静一些。用一种平和的态度与他们讲话，这样才会让他们感觉到你是一个友好、有礼貌的人。

不可以表现得过于热情，在他们看来表达热情的方式就是面带微笑，平静而积极地交谈。

多对顾客说“听”

“先生，我经常听到老顾客说对我们的产品很满意，他们都愿意介绍朋友来购买我们的产品，相信这样的产品是可以让您放心的!”

“先生，我们厂家在整个中国家具行业都是非常有名气的，可能您也听说过吧?”

说服感觉型顾客的特别技巧

感觉型的人较难让人看懂。他们不爱讲话，说话速度缓慢、声音很小，没有肢体动作，也很少流露出异常的表情，一般在经过周密思考之后才会发表自己的看法。他们给导购员的感觉是难以接近也难以理解，不论你说什么，他们一般只回答你“嗯，嗯……”如果导购员表现得过于热情的话，他们会觉得不适应。

可以想象一下，如果一位导购人员属于这种类型，会有什么样的结果呢?

与感觉型顾客沟通的技巧

很明显，感觉型的顾客特别擅长运用自己的感觉，正如视觉型的顾客擅长于说、听觉型的顾客擅长于听一样。因此，与他们沟通的关键就是要善于感觉。你要用心感觉顾客的需求，同时也让顾客感觉到而不完全是听到你对他的理解与尊重。

不要用过多的语言对你的产品夸夸其谈，用心说出重点，让顾客感觉到产品的价值和你的诚意就好了。说话时也要配合顾客的习惯，尽量装做你是在经过周密的思考之后，再把想要表达的观点缓慢而小声地说出来。

多对顾客说“感觉或觉得”

“先生，通过我对您的了解，我感觉这套产品真的很适合您，您也会有同样的感觉，对吗?”

“先生，您用心感觉一下，假如您的房间里摆放这些家具，会是一种怎样的感受呢?”

“先生，买家具就是买感觉，放在家里除了实际使用之外，更多的是让家人感受一种氛围，您说是不是呢?”

“先生，对于这种产品的风格，我和您的感觉是一样的，它给人一种很典雅古朴的感受和意境。”

自我检讨

_ _

_ _

_ _

_ _

_ _

_ _

_ _

_ _

JIAJUYINGXIAO

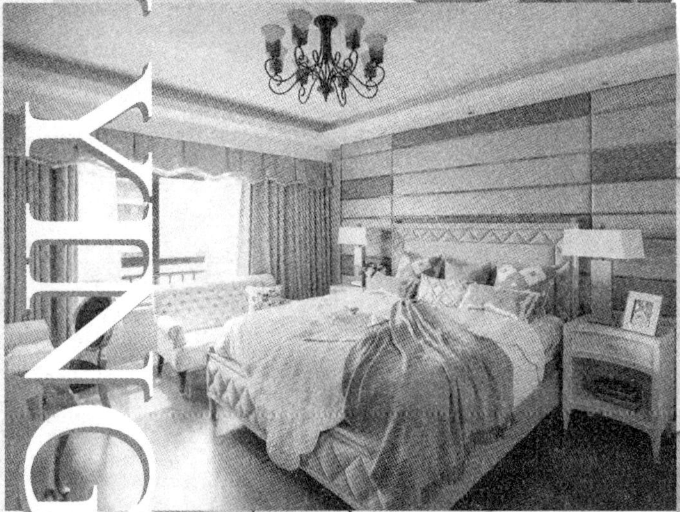

第 8 部分

家具专卖店管理秘方
店长的六项关键工作

当我走访了很多专卖店之后，脑中始终缠绕着一些问题。为什么许多专卖店难以达成销售目标？为什么导购员总是抱怨产品不好、市场不景气？为什么许多专卖店的管理难以提升到应有的水平？

经过仔细思考，我发现出现这种情况的直接原因，与专卖店管理人员的工作态度和管理方法有很大的关系。

58 伟大与平庸的界线

如果你是一名店长，如果你所管理的专卖店具有一定的规模，并且有好几名导购人员的话，有六项工作是你每天必须要做的。你在这六项工作上面所表现出来的能力，正是你管理能力的综合体现。这六项工作分别是计划（Plan）、会议（Meeting）、沟通（Communication）、培训（Training）、辅导（Guidance）和检查（Check），我把它们称为 PMCT-GC 管理框架。

现在，我建议你先不要看后面的内容，在脑中仔细回想一下，自己在哪些方面做得很好，在哪些方面做得不好或是根本就没有去做。再想一想，在你的观念中，这六项工作的定义是什么？为了保障你的学习效果，在下面为你保留了空白栏，把你所认为的定义写出来。

你对这六项工作的定义

\- -

\- -

\- -

\- -

\- -

\- -

\- -

\- -

\- -

店长的第一项关键工作——计划（Plan）

计划是一切工作的开始。是否做好各种计划，直接关系到你工作的结果。有一次我问一位店长："这个月计划卖多少？"她说："规定卖18万。"我问："已经卖了多少了？"她说："才卖6万多。"我算了一下，已经是20号了，才完成预定任务的1/3。于是我问这位店长："你认为这个月能完成多少？"她说："大概能完成十来万吧。"我继续问："当时你预定18万的任务时，是以什么为根据的？"她的回答吓了我一跳："这是老板定的任务，他说如果卖不到这个数，公司就会亏损。"

许多零售商或者专卖店在制定销售目标时，往往是以自己的获利期望值作为决策标准。生意人以利润为出发点当然是无可厚非的，然而他们并没有仔细想过，在设定了这个目标之后，该怎样去达成这个目标，达成这个目标的详细计划是什么。

我又问那位店长：“你有没有制订一份完成这个任务的详细计划呢?”她说：“反正我们努力卖就行了，没有做计划。”我继续问：“为什么没有制订计划呢?”她回答：“我觉得没有什么计划可以做啊!”

现在问题出来了，这位店长不知道怎么做计划，也不懂得计划的重要性。可以十分肯定地说，没有明确的计划就很难完成任务。就算你真的达成了目标，那也只能证明你当时的目标定得太低了。身为店长的你，或是未来的店长，是否知道怎样去制订计划？要达成销售目标，你需要制订哪些计划?

明确自己需要哪些计划

对于具体需要制订哪些计划来保证目标的达成，要根据你所负责的专卖店规模、人数以及任务量来定。通常情况下，店长需要制订的计划有：销售计划、促销计划、培训计划、店面形象维护计划和现场产品调整计划。

店长在制订这些具体计划的时候，需要让每个导购员共同参与，也可以请上级领导给出建议。完成制订计划的时间最好在前一个月的25日以前。当所需计划制订完成之后，店长的工作是把这些计划汇总为一份《××店×月工作计划》，在这份汇总的工作计划中，包括了以上所列的各项具体计划。然后，把这份工作计划交给上级领导。

制订计划和实行计划需要考虑的要点

☞ 全员参与。

要求每一位导购员都要参与计划的制定，以便让每个人都明白自己的责任和目标，从而乐意为实现目标而积极行动。

☞ 要切实可行。

制订的计划要容易操作，所定目标要有可实现性，执行不了的计划和可望而不可即的目标，都不会为你的工作带来任何帮助。

☞ 保持灵活性。

保持灵活性不是为自己找借口，而是提前考虑到一些可能发生的情况。比如原计划在25—28日盘点，可是这个时候商场正在开展促销活动，你就需要把时间灵活地进行调整。

☞ 全力以赴。

制订了详细的计划和明确的目标之后，每个人都要为自己的计划负责任，为达到目标而全力以赴。

☞ 互相提醒。

不要在制订完计划之后就不闻不问了，在早会、晚会或平时的工作中要互相鼓励，互相提醒。

☞ 定期检查。

按时检查计划的进展情况，如果有所偏离，要立刻检讨并修正。

☞ 书面化。

让导购人员把计划和目标写在自己的笔记本上，并且在每个人都可以看到的地方公示一份。

自我检讨

59 无可取代的优势

店长的第二项关键工作——会议（Meeting）

这里所说的会议具体是指每日例会、周会、月会以及临时性的会议，主持各种会议是店长的关键工作之一。

会议是一种沟通方式，有些事情必须通过会议才能收到一定的效果。作为一名店长，你经常组织导购人员举行某种会议吗？早会晚会、周会月会，你坚持下去了吗？当有事情需要与大家沟通时，你是逐一地与她们沟通，还是请大家开会讨论？

如果你不懂得或不习惯组织大家开会来处理某一个问题的话，你可能需要改变自己的管理方法了。改变吧，必要的会议有助于你工作的开展。

如期举行会议，可以让团队意识到制度的约束性和工作的规范性，可以激发导购员对工作的责任感，也可以通过会议解决工作中出现的各种问题，或是制订各种目标或计划。因此，作为专卖店的负责人，应当习惯于组织店员按时开会，这是一种有助于团队完成任务的有效方式。

有一些店长认为店里导购员少，没有人要求开会，或是认为没有必要开会，从而把举行会议的工作忽略了。对于那些规模小，只有两三个人的专卖店，如果你认为不必要搞得这么正规的话，可以采用另外的会议形式。比如，店长可以找个合适的时间把几个人集中在一起，告诉大家相关的计划和想法，然后引导她们提出自己的想法，让大家参与讨论，最终达到会议的目的。

举行会议时需要注意的重点

☞ 不要为开会而开会，每次会议前先要问自己这次会议的目的是什么，想要达到什么样的结果。

☞ 控制会议的进程，让大家的讨论围绕着会议主题进行，如果有人偏离了会议的主题，应该立刻把话题拉回来。

☞ 有一些事需要私下沟通，不要让这些事影响到整体会议。

☞ 给会议限定一个时间。

☞ 如果是比较耗时的会议，则需要提前把议题告诉每一个人。

自我检讨

60 人人拥有的财富

店长的第三项关键工作——沟通（Communication）

管理大师斯泰特纳说过："管理的核心就是计划和沟通……业务专长和工作业绩或许是你升职的原因，然而，你可能已经意识到，新岗位上所需要的是一套全新的本领——工作中与他人有效沟通、相互影响的本领。这些人包括你的下属、同级和顶头上司。"

可见沟通在管理工作中是多么的重要。对于店长来说，沟通与协调能力是你必须具备的能力之一。在工作中你需要与你的上级、同级、下属还有顾客进行沟通。本节主要讲述的是，店长与下属之间有效沟通的标准、方法和要点。

某位店员最近几天情绪有些变化；半个月以来大家都缺乏士气；一周左右都卖不出去东西；同事之间的气氛没有以前那样和谐；店员心里有话不愿意向店长说；有些人开始变得不守纪律……所有这些问题想必你也遇到过。你都是如何处理的呢？是消极接受还是积极面对？如果你选择积极面对的话，你一定要努力与他人沟通，而你的沟通能力决定了事情的发展或结果。

有效的沟通

怎样的沟通才算是有效的沟通呢？首先我认为，店长的沟通必须是负责任的。之所以这样说，是因为我发现很多店长与店员之间的沟通比较表面化，不能触及问题的核心，最后并没有通过沟通解决问题。店长没能通过沟通解决问题，就证明店长并没有尽到应负的责任。

另一方面，沟通要能够获得自己想要的结果。有多少次你和下属的沟通让你获得了想要的结果？是一半一半吗？你要通过沟通让自己每一次都能获得满意的结果。这并不是挑剔，如果你要尽到自己的责任，带动大家共同完成任务的话，你必须这样做才行。

检视自己的沟通

担心被拒绝而避免与导购员沟通，这种情况常常发生在经验不丰富的店长身上。她总是认为导购员不会配合自己，同时又希望能够维持双方正常的关系，有一些本来不该由自己处理的事也干脆自己来做，以免在要求对方的时候产生摩擦而导致关系的破裂。其实店长的这种做法并没有任何好处，导购员并不会因为店长的这种做事方式而在后期工作中全力配合。

另一种经常出现的情况是，当店长向导购员表达某一意见或看法时，因为对方没有立即给予反馈，这时店长担心自己的观点被对方忽略，就继续表达自己的观点，而不是想办法听取对方的想法或获取对方的反馈。我们通常把这种情况叫做单向沟通。

你遇到过这样的情况吗？当你问导购员某种问题或征求导购员的意见时，对方给你的回答总是“好啊，就按你说的办吧”“这样也行啊”“我们的意见是一样的”等。实际上，她们这样做只是在和你玩表面游戏而已，或许她们根本就没有用心考虑你的想法，更不用说站在你的立场上了。而你真正需要的，是要她们和你一起出谋划策，要她们和你一起面对事情的真实面目。

过度亲近也是经常出现的问题之一。有些店长非常善于和自己的部属打成一片，这样很好，可是，店长很容易忘记自己的工作是带领部属一起完成任务。和店员之间的关系过于亲密，同样会影响到你的工作。

你是否曾经遇到过以上几种情况中的一种或多种？或是这些问题目前正发生在你的工作之中？也或许你遇到的是其他的问题？无论是哪一种，它都会妨碍你日常工作的正常开展，阻碍你的团队发挥更大的潜力。

为了你的学习效果，我建议你先不要看后面的内容，在下面的空白栏中写出你认为对你的工作影响最严重的3个沟通方面的问题，同时写出这种问题带给你的影响。后面，我将告诉你如何运用正确的方法与部属进行沟通。

问题一：_ _

影　响：_ _

_ _

问题二：_ _

影　响：_ _

_ _

问题三：_ _

影　响：_ _

_ _

提问沟通，了解对方想法

☞ 问“为什么”的问题。

“为什么你会这样认为呢?”“你这样说一定有原因吧，为什么呢?”“为什么前段时间销售量那么好呢?”

这种开放式的问题是人际沟通的法宝，不但可以给对方足够的表达机会，同时可以获取足够的信息。当你发现店员有情绪问题，当你发现销售量持续降低，你都可以通过这种提问的方式与部属沟通，从而找到问题的根源。在使用“为什么”这种问题的时候，一定要注意语气，否则很容易让对方感觉你在质问。

☞ 问“除……之外”的问题。

“除了这个原因之外，你认为还有哪一点最重要?”“我明白你的意思！那么除了这方面之外，还有没有其他的想法?”

这种问句很容易帮你挖掘到更多的想法或信息，只要态度诚恳，对方一般很容易回答。例如，你发现最近销量一直不好，于是找到导购员交谈，导购员说最近销量不好是因为前半个月是促销期，而你知道这并不是全部的原因，于是你继续问导购员一个问题："对，前半个月是促销期，那么除了这个原因之外，你认为还有没有其他的原因呢?"导购员说："其他，我感觉好像这几天没有以前那么有信心了。"问题出来了！你应当马上追问："是什么原因导致你信心下降呢?"

只要你能坦诚地用心于对方交流，沟通其实并不会很难。

☞ 问"你的意思是……?"的问题。

"你的意思是……?"使用这种问句的时候，如果配合身体前倾的肢体动作，更容易得到对方的回答。注意说完这5个字之后就不要说话了，让对方继续后面的内容。

☞ 沟通需要引导。

沟通是为了获得自己想要的结果。在你确定与某人沟通之前，你知道自己想要的结果是什么吗？这一点非常关键，然而有很多人忽略了它。如果你自己都不知道沟通的目的，你所说的每一句话都是没有意义的。

那么，就算你非常清楚这次沟通想要的结果，比如你希望通过沟通提高部属的积极性，然而，你对你部属说："我今天和你谈话的目的，是希望你从现在开始，把工作的积极性提高一些。"想想会有什么样的结果呢？不会有任何结果，因为对方或许还不明白你在说什么，她可能还在想：我不是已经很积极了吗?

当你明确了沟通想要的结果之后，要运用引导的方式来达到自己的目的。继续采用上面的例子，如果你换一种方式与你的下属说："小王，上个月的任务完成得非常棒，有你很大的功劳！［停顿］这个月你也很努力，可是为什么销售量不太好呢？”小王说：“感觉这段时间店里的顾客特别少，只有周末人多一点。”你说：“人少对我们确实不利！除了这个原因之外，还有没有其他什么原因呢？”小王想了一想说：“其他应该没什么原因了。”

或许小王不愿意承认自己的积极性有所下降［小王的积极性下降是事实］，你可以再问：“小王，你想想看，越是人少的时候，我们越是应该抓住每一个机会，对不对？”小王点头。你再问：“其实我们都有同样的习惯，在产品卖得好的时候，每个人的积极性都很高，对吧？”小王说“是”。你又说：“相反，在产品卖得不好的时候，我们都会变得消极一些，你说是吗？［停顿，等小王从心里面认可］正如刚才我和你都承认的，越是人少的时候，我们越是应该抓住每一个机会，对不对？”小王说“是”。这时候你应该赶紧鼓励一下小王：“小王，以你对工作负责任的态度，再加上你的能力，只要我们把握机遇，尽最大的努力珍惜每一个来到店里的顾客，我相信你可以做得更好，加油吧！”

用引导的方式与人沟通，你几乎可以得到任何你想要的结果。因此，告诉自己：要么不讲话，要么就好好讲。

☞ 及时给予反馈。

随时给予下属反馈，是每一位管理者应该铭记在心的。对下属的反馈包括认同、表扬、赞美、评价、批评、指导等。

每个人都希望得到他人的认可、他人的重视、他人的赞美。如果一位下属长期得不到上级对他的任何反馈，这可能会让他变成一个非常平庸的员工。即使你给下属的反馈是批评和指点，也好过没有任何反馈。你在批评某一位店员的时候，也意味着你很重视这个人。

因此，别忘了经常亲切地叫出导购员的名字；在她们成交了一笔订单后，一定要恭喜和鼓励；在她们情绪不好的时候，一定要帮助开导；当店面卫生工作做得不错时，要给予表扬和赞美；当然，在合适的时候，也要诚恳地说出对店员客观的评价，并给予相应的指导。

☞ 谁是沟通的主角？

人际沟通高手都知道这样一个秘诀：沟通的主角是对方而不是自己。当你认为自己是沟通的主角时，就已经注定你不会得到所想要的结果。听你讲话的人和你一样，他有自己的个性和情绪，他也有自己的想法和观点，他同样也需要别人对他的理解和重视。只有你给予了对方足够的重视或尊重，他们才会自觉地配合你。

因此，在沟通的过程中，你要关注的是对方的想法，你要重视的是对方的问题，你要理解的是对方的心情。你永远要记住的是：多提问、多倾听、少说话，因为对方才是主角。

自我检讨

\- -

\- -

\- -

\- -

\- -

\- -

\- -

61 激发无穷的生产力

店长的第四项关键工作——培训（Training）

市场调查证实，重视培训的公司可以通过增强导购人员的销售能力来弥补其他方面的不足。培训是应当受到重视的，因为它可以带来更大的生产力。

是否每家公司都能够意识到培训的重要性，并且经常为导购人员组织相关培训呢？不是。正因为很多企业不重视培训，你才能够获得更多的机会赢得终端竞争。因此，当竞争对手不培训时，你进行培训，当竞争对手在培训时，你加强培训，这样，你便可以在竞争中赢得更多的优势。

培训内容和方法同样重要。一般家具企业仅仅注重增强导购人员的产品知识和基本销售技巧，而对于如何了解顾客的心理、需求和渴望，如何塑造产品价值，如何引导顾客决策，如何建立信赖感，如何快速成交，如何化解反对意见等方面的培训还做得不够。

制订每个月的培训计划并贯彻执行是店长的重点工作之一。你以前为导购员做过任何形式的培训吗？你自己具有培训导购员的知识和能力吗？如果答案是“否”的话，那就从现在开始吧！因为只有这样才能让你的销量提高，只有这样才能让你成长得更快。根据家具行业零售终端的实际情况，我总结了简单培训的四个步骤：

培训四步骤

第一步骤：准备培训内容。

首先要问自己，你想通过培训达到什么样的目的？根据你的目的设定培训内容，才能保障它的有效性。事先和导购员一起进行讨论，了解大家的想法和需要非常重要。

第二步骤：做充分的准备。

依据你想要达到的目的和效果，事先做好各方面的准备工作。内容要有说服力，要能让大家产生共鸣。形式要有新意，因为很多人都不喜欢千篇一律的东西。还有，别忘了事先进行演练，这将会增加你培训的效果。

第三步骤：实施培训。

在培训之前，先调整好大家的情绪，这将可以让你的培训效果提高50%以上。把这次培训能够带来的好处非常自信地告诉对方，也会让你的培训效果提升。想必你的培训内容包括几个观点或是几个技巧，你的培训也就是把这些观点或技巧推销给导购员，让她们认同、接受并且在工作中使用。每当你推销一个观点或是技巧时，可以先把这个观点或技巧告诉对方，再用讲故事或举例的方式，来证明你的观点或技巧的合理性与正确性。

互动式的培训更有助于你。提一些简单的问题让大家一起参与，这样的培训氛围比你一个人滔滔不绝地说话更好。要考虑到对方的感受，征求她们的意见可以让大家一起进步。

第四步骤：复习，使用，融会贯通，进行考试。

懒惰是人的一大天性，很多人在学习到新的知识之后，并没有及时复习，从而把所学到的忘记了。复习是减少遗忘的有效方法。当你完成现场培训之后，你的工作还没有完成，别忘了让学员对你讲的内容进行复习，并对这次培训进行一个总结。

培训的目的是为了在工作中运用这些知识，从而达到提高业绩的目的。通过多次的使用，就会进入一种融会贯通的境界。

很少有人喜欢考试，因为这会带来不少压力。没办法，这才是你应该做的，因为只有这样才能保障培训效果，才能提高销售业绩。

培训应注意的重点

☞ 每月安排一次经验分享型的培训课程，要求所有导购人员参与，各自讲述在最近一个月的工作中的重点销售经验或心得，以便大家共同进步；

☞ 对于产品和企业方面的专业知识，要求导购员自我补充并经常复习，并且不定期地进行专业知识考试。

自我检讨

62 团队的力量

店长的第五项关键工作——辅导（Guidance）

虽然大家都参加过同样的培训，但在销售能力方面还是会表现得参差不齐。对销售能力较差的导购员进行辅导，帮助她跟上团队的水平，这将有助于整体团队的目标达成。

与培训一样，辅导也是多面性的。导购员心态不好，就需要帮她调整心态；产品知识不够，就需要帮她补充产品知识；沟通方面存在障碍，你就需要帮助她解除沟通障碍。

必须牢记的是，辅导不是说教，也不是培训，辅导是为了了解对方的想法，是为了帮助对方做正确的选择，是为了推销自己正确的方法和思路，最终是为了提高团队的整体业务能力。

辅导的三个提问

你通常是用什么样的方法来辅导下属呢？我发现有一些店长采用的

是这种方法：当发现某一位导购员在某一方面表现得比较差时，她就把这位店员叫到一边，直接把自己的看法和想法告诉对方，直到把自己想要说的话说完之后，辅导工作也就结束了。

我相信，这位导购员不会因为受到这样的辅导而让某种问题得以解决，因为真正有效的辅导是一种沟通，是一种说服，或者说是一种推销。

☞ “有什么困难?”

正如推销产品一样，辅导的第一步是要了解对方的问题所在。眼见不一定为实，有时候你所看到的并不是事情的本身。当你认为某位导购员存在某种问题的时候，你先要确认你自己所认为的是不是事实。因此，问对方“有什么困难”的问题不但可以发现真实原因，而且能够让对方很容易接受你。

店员小刘最近一段时间一直卖不出产品，你现在开始辅导她，你可以问：“小刘，最近市场不是很好，是不是在哪些方面有什么困难呢?”这样的方式可以让对方容易接受，你也可以找到问题的根源。

☞ “你认为怎样做比较好呢?”

这是一种引导对方、开启对方思维的问话方式，也是了解对方情绪和想法的问句。让对方自己动脑筋找出解决问题的策略，可以让她很自觉地去这样做，因为这种方式是她自己所选择的。

当小刘告诉你，最近卖不出产品是因为客流量小，你就再进一步问她：“小刘，我能理解你的意思，那么你认为接下来怎样做会比较好呢?”其实当你问到对方这样的问题时，就是在引导对方朝自己的目的移动了。对方的回答一般都会让你满意，只要她愿意配合你的工作。

☞ “那么你打算选择怎么做?”

这种问题通常在你已经给出了几种选择之后，它是一种让对方选择最佳解决方案的问题。通过你与对方的沟通，你要能够确信她会选择最好的方式。在你和小刘沟通时，已经提出了几种解决问题的方案：一是把握每一位顾客进店的机会，二是提高意向顾客的数量，三是让自己在工作中更加积极主动。你问：“小刘，你打算选择怎样做呢?”注意，不要把这几种解决方案直接摆出来让对方做选择，这会让对方难以接受，甚至产生逆反心理。

辅导工作应注意的重点

☞ 多提问。

导购员很久不卖货，你需要先了解是什么原因导致她卖不出去产品，是因为同事关系紧张，还是业务知识不够？是情绪不好，还是对产品没有信心？不要害怕问“为什么”，应尽量让她说出真心话，然后全力以赴帮她解决问题。

☞ 别花太多的时间在没有长进的人身上。

如果你经过了三次以上的努力，她还是没有任何进步的话，可能是这份工作真的不适合她。你可以找一个单独交谈的机会，与她进行一次坦诚的沟通，劝她找一份更适合的工作。

☞ 让导购员学会自我检讨，并主动找你帮助辅导她们的工作。

如果你的导购员能够做到这两点，恭喜你！你带领的正是一个积极进取的团队，从另一方面来说，你的下属很信任你，也很支持你的工作。

自我检讨

63 忘记了不该忘记的事

店长的第六项关键工作——检查（Check）

记住，你只是把工作安排下去、把计划告诉大家是不够的，你还需要对她们执行这些工作或计划的过程进行跟踪。检查、监督、指导和帮助是你必须要做的工作。比如，你在开会的时候向大家宣布了一项新的促销活动安排，你也对这项工作进行了明确的分工，然后你以为告诉她们之后就万事大吉了。然而，事情的结果是你所不愿意看到的，她们并没有完全按你所安排的去做，直到开展促销活动的时候你才发现准备工作没有做好。

再比如，你在月初花了好几个小时为所有人进行了一次销售技巧方面的培训，培训完毕之后，你吩咐大家要在后期多加复习和演练，并且要在实际工作中进行运用。可是，通过后期的观察，你发现她们并没有任何进步，销售技巧还是老一套，也就是说你花时间为她们所做的培训并没有收到实际效果。为什么会这样？原因是她们并没有按你的要求，在培训之后多次复习和实践。

前面两个例子中出现的问题都是很常见的。出现这种情况的原因是店长并没有完成应该完成的工作。店长只是把自己的想法或计划告诉了导购员，而没有做进一步的跟踪和检查。如果店长在安排了促销活动之后，及时检查工作的执行进度，就可以保障工作的顺利开展。如果店长在培训完毕之后，定期或不定期地对导购员所学的知识进行考试或实际运用检查，就能够让培训真正变为生产力。

问题的根源

有些店长害怕检查导购员的工作，这是一种对自己的管理能力和沟通能力不自信的表现。店长认为这样做容易使下属感到难堪，或者会让自己与下属之间的关系变得紧张，所以总是不愿意直接指出对方的问题，甚至干脆自己来做。你知道这样做的结果会是什么吗？时间一长，大家就会形成一种习惯，认为这事反正有人来做，自己不用急着处理。更糟糕的是，她们会认为这事不做也没关系，又没有人追究责任，管它呢！

实际上这样的做法并没法维持你和下属之间的正常关系。在工作中，你要和下属站在一起，并且和大家打成一片。因此，为了和导购员建立一种良好的长期合作关系，你首先要做的，是要让大家达成一种共识。达成共识是你们之间能够相互支持和理解的基础。

检查六个方面

☞ 销售量。

一切的工作最终都是为了销售量。因此，检查每天的销售成绩是非常重要的。当发现最近一段时间没能达成预期目标或是销售量有所下滑时，你就要开始寻找原因了。

☞ 导购员心态。

只有100%的心态，加上100%的技巧才能造就一名顶尖导购员，心态不好直接影响到销售业绩。当发现某位导购员的心态没有以前好时，你的工作是要与她坦诚交流，为她解决问题。

☞ 工作纪律。

工作纪律的好坏会直接反映出导购员的心态，也能反映出你自己的行为方式。因此，店长首先要检查自己。当导购员开始出现迟到早退、擅自离岗、无故拖延等情况的时候，你要先看看自己有没有做得不够的地方。

☞ 资料记录。

管理规范的专卖店会有系统的管理工具，这些工具包括“意向顾客登记表”“成交顾客登记表”“顾客投诉登记表”等多种表格或相关文件。在实际工作中，尽管这些表格可以带来许多方便和好处，但很多导购员却不愿意自觉完成。为了保障管理细节的落实，你需要按时检查各种资料的记录情况。

☞ 店面形象。

检查店面形象，包括对人员形象、产品摆放、饰品搭配、POP摆放、专卖店氛围、环境卫生（含大门外部分）等多个方面。

☞ 相关知识。

对导购员的产品知识、行业知识、销售技巧等方面进行检查。检查相关知识，你可以通过书面考试的方式，也可以通过口头考试的方式，当导购员接待顾客的时候进行旁听也是有必要的。

发生在检查之后

可能你会问我，在检查出存在某些问题之后，该怎样来处理呢？非常好的问题！之所以我把检查工作放在最后面，是因为我想表达一个完整的管理程序。

先回顾一下店长的六项关键工作：计划、会议、沟通、培训、辅导和检查。你可能已经发现所有这六项工作之间都是相互关联相互影响的，有时候它们呈现出一个循环的过程。比如，你检查导购员的销售知识，发现部分或全部人员都不是完全合格，之后，你或许会另外做出培训计划再次对她们进行培训，或许会对其中个别人员进行单独的辅导；你也或许为此开一个会议，通过会议和大家沟通为什么要熟练掌握这些知识、如何才能在最短的时间之内掌握。明白了吗？它们之间是相互关联相互影响的关系，这为你的管理工作带来了很大的灵活性。

这些一定会帮到你！你首先要做的，是要对这六项关键工作进行透彻的理解，并且开始在工作中运用。当你熟练掌握了这些技巧和方法之后，你会发现你的工作变得更有条理、更有效率，也更有效果了。

自我检讨

附录1　店长应该做什么？

店长岗位职责
岗位名称：店长 直接上级：经理（或老板） 直接下属：导购员 岗位描述：带领、影响、协调导购团队，共同达成销售目标。
直接责任： 一、制订并分解专卖店月度销售计划，带领团队完成销售任务。 二、主持专卖店的例会，传达相关政策及信息。 三、监督管理产品陈列、饰品摆放、店面卫生、人员形象、POP布置等方面的展厅形象维护工作。 四、制订培训计划，并对导购人员进行培训与辅导。 五、监督导购员日常工作纪律，对违反有关规范的人员进行处理。 六、总结本店销售情况，分析全盘产品销售趋势。 七、掌握当地市场的竞争环境和消费习惯，发现问题及时反映。 八、及时反馈相关信息，提出有助于完成销售目标的建设性意见。 九、每月及时提供准确的商品盘点数据。 十、对新上市产品、滞销产品、促销产品及样板产品进行合理调整配置或进行相应处理。 十一、与售后服务人员及跟单人员保持日常沟通、协调、衔接，并了解有关生产厂家的情况。 十二、做好专卖店的防火防盗工作，处理销售现场遇到的特殊情况。 十三、处理顾客的现场或电话投诉与抱怨，需要其他部门协调处理的投诉事件及时通知相关部门。 十四、对导购员进行业绩评估和考核。

附录2　导购员应该做什么？

导购员岗位职责
岗位名称：导购员 直接上级：店长 岗位描述：维护展厅形象，用心接待顾客，完成销售目标。
直接责任： 一、用心接待每一位顾客，与店长和同事一起完成本店销售目标。 二、为每一位顾客提供高品质的服务。 三、定期电话跟踪目标顾客，并说服顾客购买产品。 四、做好顾客的售前、售中与售后工作。 五、准时（送货后一周内）电话回访已成交的顾客。 六、耐心处理客户的抱怨和投诉，并做好投诉记录。 七、获取并反馈竞争对手的信息、顾客信息及其他信息。 八、随时维护展厅形象，确保展厅形象良好。 九、认真填写各项资料记录表格。 十、积极向店长提出建设性建议。 十一、有保护现场商品安全的责任。 十二、严格遵守专卖店行为规范。 十三、按期完成商品的盘点工作，提供准确无误的数据资料。 十四、不断学习、掌握产品知识和销售技巧，提高销售能力。 十五、必要时协助同事接待顾客。 十六、服从上级领导的工作安排。